Aprende a escribir

Aprende a escribir

Métodos, disciplinas y talentos
de los grandes autores contemporáneos

ÁLVARO COLOMER

Papel certificado por el Forest Stewardship Council®

Primera edición: enero de 2025

© 2025, Álvaro Colomer
Publicado por acuerdo con Casanovas & Lynch Literary Agency, S. L.
© 2025, Penguin Random House Grupo Editorial, S. A. U.
Travessera de Gràcia, 47-49. 08021 Barcelona

Penguin Random House Grupo Editorial apoya la protección de la propiedad intelectual. La propiedad intelectual estimula la creatividad, defiende la diversidad en el ámbito de las ideas y el conocimiento, promueve la libre expresión y favorece una cultura viva. Gracias por comprar una edición autorizada de este libro y por respetar las leyes de propiedad intelectual al no reproducir ni distribuir ninguna parte de esta obra por ningún medio sin permiso. Al hacerlo está respaldando a los autores y permitiendo que PRHGE continúe publicando libros para todos los lectores. De conformidad con lo dispuesto en el artículo 67.3 del Real Decreto Ley 24/2021, de 2 de noviembre, PRHGE se reserva expresamente los derechos de reproducción y de uso de esta obra y de todos sus elementos mediante medios de lectura mecánica y otros medios adecuados a tal fin. Diríjase a CEDRO (Centro Español de Derechos Reprográficos, http://www.cedro.org) si necesita reproducir algún fragmento de esta obra.

Printed in Spain – Impreso en España

ISBN: 978-84-10214-48-4
Depósito legal: B-19.239-2024

Compuesto en Promograff - Promo 2016 Distribucions

Impreso en Liberdúplex
Sant Llorenç d'Hortons (Barcelona)

C 2 1 4 4 8 4

Índice

PRÓLOGO. La vertiente secreta del escritor . . . .　11

I
LA INSPIRACIÓN

Luis Mateo Díez (1942). En un pasillo oscuro . . . .　19
Pere Gimferrer (1945). El destello inspirador . . . .　22
Gustavo Martín Garzo (1948). El sentimiento
    de un libro . . . .　25
Raúl Zurita (1950). La fuerza de la primera frase . . . .　28
Rosa Montero (1951). La eclosión de un sueño . . . .　31
Pilar Eyre (1951). El pararrayos
    de las conversaciones ajenas . . . .　34
Karmelo C. Iribarren (1959). El modo poeta . . . .　37
Claudia Piñeiro (1960). La imagen disparadora . . . .　40
Javier Cercas (1962). La teoría Unamuno . . . .　43
Rosa Ribas (1963). La novela del silencio . . . .　46
Jordi Soler (1963). El descenso de los sueños . . . .　49
Agustín Fernández Mallo (1967). El hombre de arena . . .　52
Ana Merino (1971). La cicatriz de los sueños . . . .　55
Pilar Adón (1971). La ética del aprovechamiento . . . .　58
Guadalupe Nettel (1973). El azar como destino . . . .　61
Fernanda Melchor (1982). Toda novela
    es un cuarto vacío . . . .　64

Brenda Navarro (1982). Escuchar el mundo   67
Inés Martín Rodrigo (1983). Dos estilos y una autora . . .   70
Irene Solà (1990). Una piscina a medio llenar   73
Mario Obrero (2003). La puerta de los inocentes.   75

II
LA ESCRITURA

Cristina Fernández Cubas (1945). Escribir con libertad . .   79
Soledad Puértolas (1947). Escribir en el agua.   82
Carme Riera (1948). Los idiomas del corazón.   85
Miguel Munárriz (1951). El complejo Wertheimer   88
Arturo Pérez-Reverte (1951). El último escritor
   ruidoso.   91
Horacio Castellanos Moya (1957). Los árboles que
   brotan del asfalto.   94
Martín Caparrós (1957). El método Leonard Woolf.   97
Héctor Abad Faciolince (1958). Controlar las
   emociones   100
Luis García Montero (1958). La experiencia lectora
   acumulada   103
Fernando Aramburu (1959). El escritor ordenado   106
María Dueñas (1964). Las técnicas de estructuración   109
Carlos Zanón (1966). La sensación de abandono   112
Lorenzo Silva (1966). La literatura como recuerdo.   115
Marta Sanz (1967). El sistema nervioso del artista   118
Santiago Posteguillo (1967). Negarse a fracasar   121
Emilio Lara (1968). La voluntad de hacer feliz.   124
Ricardo Menéndez Salmón (1971). El método
   Graham Greene   127
Eduardo Halfon (1971). Vencer la desidia   130
Mariana Enriquez (1973). Abandonar la juventud   133
Espido Freire (1974). Negarse a sufrir.   136
Sara Mesa (1976). El espacio donde creamos   139

Paula Bonet (1980). Escribir es una forma de pintar..... 142
Elísabet Benavent (1984). El control de la
   productividad............................... 145
Aixa de la Cruz (1988). Marcar el ritmillo........... 148
Luna Miguel (1990). Un método dactilar 151

III
LA CORRECCIÓN

Vicente Molina Foix (1946). El trapero de la literatura... 157
Luis Landero (1948). Sin habitación propia........... 160
Enrique Vila-Matas (1948). Escapar por un agujerito.... 162
Julio Llamazares (1955). Un trabajo de mentirijillas..... 165
Leonardo Padura (1955). Las horas nalgas 168
Ramón Andrés (1955). Leer una partitura............ 171
Juan Villoro (1956). Destrozar el teclado............. 174
Manuel Rivas (1957). Un pie en cada mundo 177
Guillermo Arriaga (1958). Las palabras detonadoras..... 180
Eduard Márquez (1960). Las nuevas formas de narrar.... 183
Ignacio Martínez de Pisón (1960). El cementerio
   de los fragmentos huérfanos.................... 186
Cristina Rivera Garza (1964). Los tópicos de hoy 188
Montero Glez (1965). El eterno insatisfecho.......... 192
Mariana Travacio (1967). El periodo festivo 195
Carolina Sanín (1973). Las posibilidades de la oración ... 198
Juan Tallón (1975). Contra el estado ideal de trabajo 201
Elvira Navarro (1978). Desbastar el mármol.......... 204
Laura Chivite (1995). El alma de los textos 207

IV
LA PUBLICACIÓN

Manuel Vicent (1936). La utilidad marginal del tiempo .. 213
Manuel Longares (1943). Las frases que se alargan 216

Alma Guillermoprieto (1949). Perder las palabras 219

Élmer Mendoza (1949). El sentimiento de satisfacción... 222

Alicia Giménez Bartlett (1951). Las tardes
en el jardín 225

Bernardo Atxaga (1951). El miedo a la muerte 228

Julia Navarro (1953). El ritual de entrega
del manuscrito 231

Antonio Soler (1956). Las edades de la caligrafía 234

Elia Barceló (1957). La literatura o la fama. 238

Eugenio Fuentes (1958). No venderse al mercado 240

Clara Usón (1961). El síndrome del impostor 243

Rodrigo Fresán (1963). El espíritu de la escalera 246

Flavia Company (1963). La disolución del yo 248

Alejandro Palomas (1967). Sentirse querido. 251

Gonçalo M. Tavares (1970). La madurez para publicar ... 254

Gabi Martínez (1971). Desde la soledad 257

Leandro Pérez (1972). El salto de fe 260

Miguel Ángel Hernández (1977). La disposición receptiva
del lector 263

Eva Baltasar (1978). La editora comprometida 266

Irene Vallejo (1979). Volver a la soledad 269

V

CONCLUSIÓN

Ida Vitale (1923). El auténtico método 275

AGRADECIMIENTOS 279

Prólogo

La vertiente secreta del escritor

En su novela *Montevideo* (Seix Barral, 2022), Enrique Vila-Matas advierte seriamente sobre el peligro de extinción que corren los llamados «escritores de antes», una categoría profesional creada por Fabián Casas para referirse a los autores que, como Albert Camus o como Julio Cortázar en sus respectivos momentos, no son vistos por sus coetáneos como simples literatos, sino como modelos de vida, como ejemplos de conducta moral, como faros de largo alcance con los que guiarse en momentos de zozobra existencial. Muchas personas echan de menos a este tipo de referentes sociales y, al no encontrarlos en el actual panorama literario, se conforman con el recuerdo de un tiempo ya pasado. El crítico y semiólogo Roland Barthes ya percibió este fenómeno en su momento germinal y acuñó el término «fantasma del escritor» para referirse a la evocación que todos hacemos de aquella época en la que, cuando descubríamos a un intelectual sentado en la terraza de una cafetería (preferiblemente parisina), nos lo quedábamos mirando con el deseo de llegar a ser algún día como él no sólo en lo tocante al bagaje cultural y a la capacidad creativa, sino también a la actitud ante la vida. Los escritores causaban en aquel entonces admiración y propiciaban deseo de imitación, mientras que hoy son vistos, de alguna manera, como creadores de contenidos llamados a entretener las horas muertas de la población. En su novela *El amigo* (Anagrama, 2019), por cierto, la narradora de Sigrid Nunez lamenta que los alumnos del taller de escritura creativa que ella misma imparte en la universidad se mofen de la similitud que Rainer Maria Rilke estableció entre religión y literatura; pero lo que realmente le entristece no es que los aspirantes a escritor no coincidan con esa opinión, sino que el mundo haya cambiado tanto como para que ya ni siquiera se tomen en serio a un poeta de esa magnitud.

Con todo, el cambio de actitud no se ha producido sólo en los lectores, puesto que los propios escritores tampoco quieren ya comportarse como sus colegas de antes. Hace algún tiempo, durante un congreso de literatura celebrado ahora no recuerdo dónde, Agustín Fernández Mallo me comentó que una de las cosas que más le sorprendieron cuando accedió al mundillo literario fue que, entrado ya el siglo XXI, todavía hubiera autores, algunos de ellos tremendamente jóvenes, que relacionaran su profesión con el alcohol y las drogas, con la ropa negra y los abrigos largos, con la depresión y un poco con el suicidio. Y una idea similar expresa Marta Sanz en este mismo libro cuando asegura que el oficio de escritor no se diferencia, o no debería diferenciarse, del de albañil, comercial o informático, básicamente porque el modelo de creador que la sociedad demanda en estos días no es el del bohemio apoyado en un bastón que contempla el oleaje desde el borde de un acantilado, sino el del obrero que se desloma de ocho de la mañana a ocho de la tarde y que, al término de la jornada laboral, se repanchinga en el sofá con la misma actitud de abandono que cualquier otro jornalero aplastado por el capitalismo. Esta concepción del oficio, sumada a la expresada por Fernández Mallo en su momento y a la de otros autores compilados en el presente volumen, revela que la imagen romantizada del poeta que pasea su tristeza entre las lápidas de un cementerio no sólo cautiva cada vez a menos gente, sino que provoca rechazo entre quienes, de alguna manera, podrían aprovecharse de ella.

Sin embargo, por más cambios que los escritores hayan introducido en su forma de presentarse ante la sociedad, hay un ámbito en el que siguen comportándose como antes. Y, paradójicamente, ese ámbito es el menos accesible para los lectores. Me refiero, cómo no, a la intimidad. Roald Dahl lo explicaba perfectamente en su relato «Racha de suerte (Cómo me hice escritor)», presente en *Historias extraordinarias* (Anagrama, 2006):

> Y fue entonces cuando por primera vez empecé a darme cuenta de que en un escritor que cultive la ficción hay dos vertientes claramente diferenciadas entre sí. En primer lugar, está la cara que muestra al público, la de una persona corriente como cualquier otra, una persona que hace cosas corrientes y habla un lenguaje corriente. En segundo lugar, está la vertiente secreta que aflora a la superficie sólo cuando ha cerrado la puerta de su estudio y se encuentra completamente solo. Es entonces cuando entra en un mundo totalmente distinto, un mundo en el que su imaginación se impone a todo lo demás y él se encuentra viviendo realmente en los lugares sobre los que escribe en aquel momento. Yo mismo, si quieren saberlo, caigo en una especie de trance y todo cuanto me rodea desaparece. Sólo veo la punta de mi lápiz moviéndose sobre el papel y muy a menudo pasan dos horas como si fueran un par de segundos.

La «vertiente secreta» que Roald Dahl mencionaba en este relato de corte autobiográfico, la faceta del oficio que sólo se pone de manifiesto cuando el escritor cierra la puerta de su estudio y empieza a trabajar, la forma de ser que permanece oculta a los ojos siempre curiosos del lector, es precisamente el objeto de análisis de este libro. En un mundo en el que los autores prefieren no publicitar sus excentricidades, el único ambiente en el que se permiten el lujo de actuar como lo hacían los *escritores de antes* es la soledad del despacho. Es allí donde teatralizan su comportamiento, a veces hasta la exageración, y donde despliegan esa batería de rituales, vicios y manías, además de trucos, técnicas y recursos, que conforman lo que Daniel Cassany bautizó, siguiendo la tradición anglosajona, como *La cocina de la escritura* (Anagrama, 1995). La intimidad es, según veremos en las páginas que siguen, el lugar en el que Arturo Pérez-Reverte aporrea un teclado que reproduce el sonido de las antiguas máquinas de escribir, en el que Irene Vallejo empapela las paredes de pósits con el argumento de su siguiente novela y en el que, por poner un tercer ejemplo, Élmer Mendoza pide perdón a Dios por los asesinatos que hoy cometerá... en la ficción.

La revista *The Paris Review* fue pionera en el asalto al domicilio de los escritores. El éxito de sus entrevistas demostró que existía un público tremendamente interesado en las técnicas de trabajo de los creadores, así como un tipo de estudioso del hecho literario que no buscaba tanto analizar las obras en sí como el modo en que fueron creadas. Por supuesto, muchos letraheridos se han acercado a esas páginas con la esperanza de encontrar una fórmula mágica que convierta los manuscritos en best sellers y más de uno se ha llevado una decepción al ratificar que la excelencia sólo se alcanza haciendo lo que Leonardo Padura llama «horas nalgas». A este respecto, viene a cuento recordar otra escena de la novela de Sigrid Nunez en la que un alumno acusa a la profesora, y en general a todos los «escritores como usted», de engañar a la gente haciéndole creer que eso de escribir es mucho más difícil de lo que en realidad es. Cuando la narradora pregunta que por qué iban los autores a hacer algo así, el estudiante responde: «Venga [...], ¿no le parece obvio? No hay pan para todos». Esta idea conspiranoica sobre las escuelas de escritura puede parecer divertida, pero pone sobre la mesa un tema de enorme importancia: no es que no se pueda enseñar a escribir —en Estados Unidos hay universidades que lo hacen de un modo tremendamente eficaz—, sino que la mayoría de los escritores no saben explicar cómo consiguen que sus novelas se conviertan en artefactos de interés universal. De ahí que, cuando se ven interpelados a desvelar el secreto de sus éxitos, se limiten a repetir los tópicos del oficio, como, por ejemplo, la teoría del iceberg de Ernest Hemingway, los seis meses de descanso que Stephen King recomienda dar a los manuscritos o la recomendación de Graham Greene de no escribir más de quinientas palabras al día.

El pensamiento mágico que domina a muchos principiantes, y que en gran medida los empuja a deducir que la imitación de un maestro los conducirá necesariamente a la maestría, suele acabar en decepción, lo cual no significa que no existan ciertos consejos de carácter práctico que ayudan a mejorar la calidad de los textos. De hecho, las siguientes páginas abundan en ese tipo de trucos: Martín Caparrós endereza las oraciones convirtiéndolas en octosílabos o endecasílabos, Fernando Aramburu elige a tres tipos de lectores cero antes de dar por concluido un manuscrito, Eduardo Halfon divide el proceso creativo en tres fases... Pero, más que mostrar un listado de recursos narrativos, lo que aquí se intenta recalcar es la importancia de tener un método. No importa cuál, todos sirven. Porque, en realidad, el método hace tangible la disciplina. Y la disciplina, ¡ah!, la disciplina es la clave de bóveda del oficio de escribir.

Por otra parte, *Aprende a escribir* pretende dejar constancia documental de la forma de trabajar que tenían los escritores hispanohablantes —y un lusófono añadido por puro capricho del autor— en el primer tercio del siglo XXI. Las entrevistas que dieron pie a los textos originariamente publicados en la revista *Zenda* fueron realizadas entre octubre de 2020 y noviembre de 2023, y las que dieron como resultado las piezas inéditas añadidas a este volumen están datadas en el primer tercio de 2024. Es bastante probable que algunos de los autores radiografiados no escriban en la actualidad como lo hacían cuando accedieron a desvelar sus secretos de despacho, entre otros motivos porque la metodología de trabajo de un escritor depende en gran medida del tipo de libro en el que ande metido, así como de las circunstancias vitales que le rodeen en el momento de la redacción, pero de lo que no cabe ninguna duda es de que, en un determinado instante de sus vidas, siguieron a pies juntillas los sistemas aquí referenciados.

También conviene destacar que el libro recoge testimonios que abarcan casi un siglo, ya que el arco de edades arranca con los cien años de Ida Vitale y concluye con los veinte de Mario Obrero. Es cierto que los textos podrían haber sido ordenados atendiendo a la fecha de nacimiento de las personalidades compiladas, lo cual habría permitido que el lector analizara la evolución de la metodología laboral de los escritores a lo largo de varias generaciones, pero al final se ha optado por una estructura de cuatro grandes bloques correspondientes a los pasos habituales en todo proceso creativo (inspiración, escritura, corrección y publicación), y se ha situado a cada autor en el apartado por el que más interés mostró durante la entrevista. Dentro de cada sección, eso sí, los personajes están indexados según la edad.

Por último, un apunte: es evidente que hay algo de voyerismo en eso de inmiscuirse en los despachos ajenos. Soy cotilla, no lo niego; siempre lo he sido. Hace casi treinta años, en mis inicios profesionales, telefoneé a Francisco Umbral para preguntarle qué objetos decoraban su escritorio y la respuesta fue tan contundente como la prosa de sus columnas: «¿Cree usted que puedo permitirme el lujo de perder el tiempo con este tipo de chorradas?». Y yo, que en aquel entonces era un joven y tímido aspirante a periodista cultural, esperé a que hubiera colgado para, todavía con el auricular en la oreja, responder: «No, usted no. Pero yo sí». Treinta años después, continúo metiendo las narices en los dominios de los demás. Y lo hago porque, pese a mi propia condición de novelista, sigo emocionándome cuando descubro a un escritor tomando café en una terraza.

I
La inspiración

Luis Mateo Díez

En un pasillo oscuro

Luis Mateo Díez concibe la escritura como la iluminación de una zona oscura. Dice que la primera frase de una novela es como la bombilla que alumbra el recibidor de casa: una vez encendida, sólo hay que recorrer las distintas estancias mientras se acciona el resto de los interruptores. Así de sencillo… y así de complejo al mismo tiempo.

Ahora bien, si las frases son como lámparas dispuestas a lo largo de un pasadizo en sombra, el título es la farola que indica el lugar donde se encuentra la casa, que muestra la fachada del edificio y que anticipa las características arquitectónicas del mismo. Es, en definitiva, el resumen de la obra. Mateo Díez no empieza a escribir hasta que no lo ha encontrado, y si no lo hace es porque sabe que no se puede construir sin haber comprobado primero la calidad del suelo y porque, además, quiere que la mansión tenga un portal tan hermoso que todos los transeúntes se paren a mirarlo.

Poca cosa más se puede decir en lo tocante a las técnicas narrativas del autor leonés. Vive con tanta naturalidad el oficio que, cuando le preguntan por sus secretos y trucos, se encoge de hombros y responde que el único consejo que puede dar a los alevines es el de sentarse a la mesa y escribir a diario. Así lo hace él, aunque recuerda que, en sus épocas mozas, cuando trabajaba como funcionario, rascaba horas de donde podía y componía sus novelas de un modo fragmentado. Por suerte, eso quedó en el pasado. Ahora es un hombre de setenta y ocho años que sólo se dedica a lo suyo y que trabaja, cómo no, de una manera disciplinada.

Atrás quedaron los tiempos de sufrimientos, temores e inseguridades, y el único rastro de aquellas turbulencias son las libretas en las que, a lo largo de su vida, ha ido anotando las ideas que lo asaltan de golpe. En su juventud, apuntaba todo lo que se le pasaba por la cabeza, no desperdiciaba ni una sola ocurrencia, temía que pudieran olvidársele y las guardaba como oro en paño. Nada de eso ocurre ya. Sigue volcando sus pensamientos en una libreta, por supuesto, pero hoy le basta con un garabato para luego, al llegar a casa y tomar asiento, sacar un puñado de párrafos. Antes era al revés: tomaba montones de notas de las que después apenas salían tres frases, mientras que en la actualidad sus apuntes son lo que él mismo llama «hojas volanderas», es decir, anotaciones sin importancia de las que, no obstante, luego extrae novelas enteras.

Pero hay otra cosa que diferencia al Luis Mateo Díez de antaño del de ahora: la capacidad de concentración. La edad no ha hecho mella en su intelecto; antes bien, lo ha fortalecido. Y esto se debe a que, con el paso del tiempo, se ha convencido de que su oficio es, además de solitario, solipsista, es decir, algo únicamente apto para quienes creen, con firmeza y sin fisura alguna, que sólo existe cuanto ocurre dentro de su cabeza. Esta certeza, la de que su mundo interior es más rico que el exterior, le permite meterse en sus novelas con una facilidad asombrosa, llegando a sentirse tan identificado con sus personajes que, cuando a uno le duele la cabeza, él mismo ha de abandonar el escritorio, entrar en la cocina y tomarse una aspirina.

Mateo Díez no tiene ni manías ni fetiches ni rituales porque siempre ha vivido el oficio con naturalidad. Nunca ha dado importancia a las apariencias, ni ha ido por la vida contando las penurias del escritor, ni tampoco ha dado la tabarra con los problemas de estructura de su última novela. Él no hace esas cosas y, de hecho, considera a quienes las hacen unos maleducados. Los autores que lloran por las esquinas o que alardean de sus cambios de humor durante el proceso creativo no son del agrado del leonés, quien considera que los únicos hombres que merecen tal nombre son aquellos que van bien vestidos tanto por fuera como por dentro.

LA INSPIRACIÓN

El creador del reino de Celama da tanta importancia a las buenas maneras que sólo se codea con quienes también las practican. Su grupo de amigos de profesión tiene la discreción por bandera y ninguno alardea de sus éxitos y ventas. Son escritores, y también ejemplos de conducta, que se manejan en la literatura con el mismo arte que en la vida: con elegancia y discreción. Y Mateo Díez se siente tan orgulloso de ellos que remata esta charla con una frase de las que hacen historia: «Es que los mejores amigos del mundo los he tenido yo». Nada se puede objetar a eso.

16 de diciembre de 2020

Pere Gimferrer

El destello inspirador

La poesía también es un tipo de mnemotecnia. De hecho, pocas cosas hay tan fáciles de recordar como unos versos elevados. A veces, ni siquiera hace falta esforzarse en memorizarlos; basta con leerlos en una sola ocasión para que se adhieran a nuestro cerebro. Un ejemplo: Pere Gimferrer puede recitar de corrido la *Divina comedia*, por supuesto en versión original, y a lo largo de su vida sólo ha conocido a dos personas que hicieran lo mismo: una era Jaume Vallcorba, mítico editor de Acantilado y Quaderns Crema; la otra fue toda una sorpresa.

Ocurrió una vez que se encontraba en Turín y tenía que regresar de inmediato a Barcelona. Una huelga ferroviaria en Francia le impedía coger el tren y, no habiendo otra opción, contrató un taxista para que condujera durante toda la noche. Salieron a las nueve de la noche y llegaron a las siete de la mañana. A mitad del camino, y por aquello de matar el tiempo, Gimferrer recitó en voz alta una de las estrofas de Dante Alighieri, recibiendo como respuesta por parte del conductor los versos que venían a continuación. Así se entretuvieron aquellos dos hombres el resto del viaje, el uno abriendo cantos y el otro cerrándolos. Cuando llegaron a destino, el autor de *Arde el mar* y *Tristissima noctis imago* preguntó al taxista por la educación que había recibido, a lo que el otro contestó que había estudiado en la misma escuela municipal, la Baretti, en la que se basó Edmondo de Amicis para escribir su best seller *Corazón: diario de un niño*, novela en la que, por cierto, y aunque no

LA INSPIRACIÓN

venga a cuento, se inspiraron los creadores de la serie de anime *Marco, de los Apeninos a los Andes*.

Con esta anécdota quiere ejemplificar Pere Gimferrer la importancia para la formación de un poeta no sólo de leer a los clásicos, sino de interiorizarlos. A fin de cuentas, la poesía nace para ser recordada y, en consecuencia, la meta de todo autor debe ser escribir versos que queden por siempre grabados. El otro consejo para quienes quieran dedicarse al género más noble de todos es sin duda más concreto: aprender métrica. Aunque luego no vayan a usarla. Es la misma recomendación que le dio J. V. Foix a Joan Brossa cuando éste le enseñó sus primeras piezas, y vaya si causó efecto.

Dice Pere Gimferrer que, para saber si tenemos alma de poeta, basta con que leamos nuestros propios poemas. Porque son ellos los que nos dirán si habita en nosotros el genio o si estamos perdiendo el tiempo. Pero, si no conseguimos que sean nuestras propias creaciones las que nos abran los ojos, podemos acudir a terceras personas, preferiblemente autoridades en la materia, para que opinen sobre nuestro trabajo. Al mismo Gimferrer le dieron el espaldarazo definitivo primero Vicente Aleixandre, después Octavio Paz y luego ya Josep Maria Castellet y aquello de los novísimos. Todas esas personas ratificaron la calidad de su obra y el chico que quería ser director de cine —aunque no se veía con el carácter necesario como para coordinar a tanta gente— dio un volantazo a su destino y se convirtió en el poeta a quien muchos consideran que merece el Nobel.

Desde aquel entonces, Gimferrer ha escrito cientos de poemas, pero nunca se ha sentado a una mesa para hacerlo. A él las ideas le vienen de golpe, cuando menos se lo espera, así, como si cayeran del cielo. Está caminando por la calle o bebiendo un poco de agua en su despacho de la editorial Seix Barral, a la que lleva vinculado más de medio siglo, cuando de pronto le sobreviene una unidad rítmica. Es como un destello que inunda su mente con un grupo de palabras que, además de formar una cadencia, constituyen un verso cuyo significado todavía no entiende quien las ha recibido, pero que potencialmente pueden abrir un poema. Ahora bien, Gimferrer nunca se esfuerza en buscar un sentido a esos sonidos, porque, en su opinión, éste ha de ser suscitado por el mismo destello. Si lo hace, continúa trabajando en la pieza, ya sea mental, ya materialmente; si no, a la papelera y a seguir con lo que estaba haciendo. De hecho, el mismo día en que se realizó la entrevista de la cual surge este texto, Gimferrer había experimentado dos iluminaciones de esas, de las que estallan en su mente sin saber ni por qué ni cómo, pero ambas fueron descartadas porque, pese a parecer hermosas, no apuntaban ningún destino.

Jorge Luis Borges dijo en cierta ocasión que «al otro, a Borges, es al que se le ocurren las cosas», y Pere Gimferrer suscribe la cita. Considera que el poeta es siempre alguien diferente y, sobre todo, superior a la persona cuyo cuerpo habita. No somos nosotros quienes componemos poemas y tampoco es nuestra voz la que se escucha cuando un lector los lee en silencio. Porque, cuando escribimos, somos otro, alguien más conectado con el mundo, más elevado del suelo, más preocupado por el mensaje oculto en las diferentes entradas del diccionario. Que ya dijo Mallarmé que la función del poeta es «dotar de un sentido más puro a las palabras de la tribu». Y eso es lo que hace Gimferrer cada vez que le sobreviene una idea: convertir algo tan instrumental como pueda ser el lenguaje en un objeto de culto.

16 de noviembre de 2022

Gustavo Martín Garzo

El sentimiento de un libro

A Gustavo Martín Garzo siempre lo acompaña un libro que no puede leer. Se trata de una edición en miniatura —apenas diez centímetros de alto— de los mejores poemas de Emily Dickinson en lengua original. Y, como resulta que él no habla inglés, pues nunca ha entendido lo que pone en su interior. Evidentemente, en una de las estanterías de su despacho reposan las obras completas de la estadounidense traducidas al español, pero eso no quita que el vallisoletano siempre tenga ese ejemplar a mano, como una presencia necesaria para escribir, como un objeto al que acudir a la búsqueda de inspiración, como un fetiche del que no se puede desprender.

Martín Garzo escribe de nueve y media de la mañana a dos de la tarde, y lo hace en «la cueva». Así llama a su despacho, una habitación cuya puerta se vislumbra al fondo de un pasillo tan forrado de estanterías que sólo admite el paso de una persona. Allí, custodiado por todos esos libros y atestado de fotografías vinculadas al mundo del cine y de la literatura, se encuentra el estudio en el que se encierra durante cuatro horas y media al día, sábados y domingos incluidos. Antes, cuando trabajaba como funcionario en la Junta de Castilla y León, se levantaba a las cinco y media y, aprovechando la conexión que todavía tenía con el mundo de los sueños, escribía durante un par de horas. Pero desde el año 2000, que fue cuando pidió una excedencia y se volcó en la literatura, tiene un horario más racional. Dejó la Administración pública porque en aquella época los escritores podían vivir de los festivales que montaban las cajas de ahorros, de las charlas que les solicitaban por doquier y, en definitiva, de los bolos que se organizaban cada dos por tres en una España de vacas gordas que ahora resulta difícil de imaginar. Nada queda hoy de aquella época dorada. Nada, salvo las ganas de seguir escribiendo y el ejemplar de Emily Dickinson sobre la mesa.

Gustavo Martín Garzo arranca sus novelas sin saber de qué van. Un día se sienta ante el ordenador y empieza a teclear sin siquiera intuir hacia dónde se dirige. Desconoce el argumento, no ha perfilado a los personajes, tampoco ha definido al narrador. En este sentido, podríamos decir que es un escritor sin método. Pero estaríamos mintiendo. Porque tiene algo mucho más valioso que todo lo anterior; tiene el «sentimiento de un libro». Este autor decide que ha llegado la hora de empezar una nueva ficción cuando, de repente, percibe una emoción en su interior. Normalmente, se trata de un estremecimiento vinculado a una imagen o a una situación que lo ha removido por dentro y que debe compartir con los demás. Por eso se encierra en su despacho: para buscar la manera de expresar algo tan abstracto como puede ser un escalofrío. Y la manera de hacerlo, cómo no, es levantando una novela.

Por ejemplo, su ficción *La ofrenda* (Galaxia Gutenberg, 2018) nació por un sentimiento que lo asaltó durante la infancia y que tardó décadas en liberar. El germen de aquella emoción fue una escena de la película *La mujer y el monstruo* (Jack Arnold, 1954), cinta que Guillermo del Toro versionó en su oscarizada *La forma del agua* (2017). La actriz Julie Adams nadaba en un lago mientras una especie de hombre-pez se deslizaba en decúbito supino justo por debajo de ella, mirándola fijamente, casi rozando su vientre. Aquella secuencia impresionó tanto a Martín Garzo que, durante gran parte de su vida, buscó la forma de recrear el sentimiento que le produjo. Hasta que un día tomó asiento, se hizo crujir los dedos y se puso a escribir.

Así que las novelas de Martín Garzo no son más que sentimientos convertidos en letras y puntos. Y si luego devienen literatura es por lo que él mismo llama «los hallazgos»: momentos de deslumbramiento que le sobrevienen cuando, durante la búsqueda de la palabra exacta, de la frase armónica o del párrafo redondo, aparece una idea que el propio autor no creía ser capaz de generar. Porque la literatura, queridos lectores, nunca es el resultado de una planificación, sino de la lucha continua con eso que todos llevamos dentro y que sólo algunos consiguen sacar.

17 de noviembre de 2021

Raúl Zurita

La fuerza de la primera frase

Durante muchos años, el párkinson impidió a Raúl Zurita acertar a las letras de su teclado. Pero en 2019 se sometió a una estimulación cerebral profunda en el Hospital Universitario de Milán, de cuyos avances pudo beneficiarse por poseer la nacionalidad italiana, y desde entonces trabaja con cierta normalidad. A veces sus dedos se equivocan —quiere escribir el artículo *el* y le sale el pronombre *le*, o la contracción *al* y aparece el artículo *la*—, pero al final siempre acaba venciendo a la enfermedad y pulsando la tecla apropiada. Sin embargo, para conseguirlo, primero tiene que templar sus nervios. Es lo que llama la «espera fructífera», esto es, el tiempo que su cuerpo necesita para serenarse y que su cerebro aprovecha para pensar aquello que luego se materializará en la pantalla. Lógicamente, de escribir a mano, nada de nada.

A este hombre siempre le han costado los inicios. Puede pasarse horas calibrando la sonoridad de la primera frase. La escribe, la borra, la vuelve a escribir y la vuelve a borrar. Todo como si fuera un proceso de alejamiento y acercamiento al texto que se prolonga durante horas, cuando no días, y que le lleva a empezar de nuevo infinidad de veces. Pero hay un momento en que su mente se activa, en que al fin se siente seguro, en que todo se clarifica, y entonces ya no hay quien lo detenga. Es más, cuando está en racha, ni siquiera duerme. En la actualidad, puede estar hasta cuarenta y ocho horas escribiendo sin parar; hace unos años, incluso más. De hecho, su capacidad de concentración ha aumentado con la edad.

LA INSPIRACIÓN

Cuando era joven, sólo podía crear si se encontraba en un lugar silencioso y disponía de mucho tiempo; ahora sus nietos pueden saltar sobre sus rodillas sin que pierda el hilo.

Zurita no tiene establecido un rango de producción diario porque dice que esas cosas no sirven en poesía. En su opinión, el tiempo se mueve de un modo distinto cuando uno construye oraciones. Tiene otro ritmo, otra flexibilidad, otro desplazamiento. De ahí que los clásicos de la literatura universal caigan de pronto en el olvido y cincuenta años después recuperen el prestigio. Porque el tiempo es en este oficio una alquimia. Pero que nadie se engañe: la perseverancia sí ha de ser una constante. Dice el maestro que la poesía es la respuesta a las preguntas mal formuladas y que, para encontrar dichas respuestas, hay que meterle días, semanas y meses enteros. Afirma también que la novelística es el arte de rellenar los huecos existentes entre una situación A, una situación B y una situación C, mientras que la poesía es el arte de exponer únicamente A, B y C.

A los aspirantes les aconseja que sean sinceros consigo mismos. Les sugiere que se hagan la siguiente pregunta: si no les dejaran escribir, ¿qué harían? Si la respuesta es jugar al tenis, ver series en Netflix o salir de copeo, entonces es mejor que se dediquen a otra cosa. Si la respuesta es suicidarse, ya pueden considerarse poetas. También les insta a que tengan fe en su trabajo, a no asustarse ante la magnitud de un proyecto, a recordar que no existen las malas ideas sino las ideas abandonadas. Zurita es el ejemplo perfecto de esa constancia: consiguió que cinco aviones escribieran uno de sus poemas en el cielo de Manhattan, plasmó sus versos con grandes letras en el desierto de Atacama, se quemó la mejilla con un formón al rojo vivo y hasta quiso hacer poesía visual echándose un chorro de amoniaco en los ojos. Acabó en el hospital, claro, y por poco no se queda ciego.

Hubo un tiempo en que también él fue joven y, en consecuencia, en que estuvo dominado por las inseguridades. Ahora recuerda aquella época y le vienen a la mente los amigos que, de tanto como dudaron de su propio talento, acabaron deprimidos o incluso muertos. Por eso recomienda a los jóvenes que crean en ellos mismos, que se alejen de cuantos no los animen a cumplir sus sueños, de cuantos no les ayuden a mejorar sus textos, de cuantos no muestren un interés auténtico por su futuro. Y, si eso no es posible, les aconseja que pidan abiertamente a quienes los desprecian que dejen de ser tan crueles. Pero también quiere abrir los ojos a los aspirantes haciéndoles ver que, aunque no lo parezca, siempre hay belleza en el odio. Cuando por un momento cierra los ojos y echa la vista atrás, dice algo que tal vez no entiendan los recién llegados, pero que ya comprenderán con el tiempo: «Los grupos de poetas jóvenes, con sus envidias, sus rencillas y sus traiciones, son lo más bello del mundo». Y añade: «Incluso la maldad que habita en ellos es de una pureza infinita».

12 de enero de 2022

Rosa Montero

La eclosión de un sueño

Rosa Montero camina por la calle tranquilamente, pongamos por caso que se dirige a casa de unos amigos, y se detiene en un paso de cebra cuando de pronto le sobreviene una idea. Ocurre así, de repente. Una imagen o una frase o un pensamiento invade su cerebro, aparece de un modo tan fortuito que recuerda a la eclosión de un sueño. La escena se adueña de su mente y brilla con tanta intensidad que la emoción no le cabe en el pecho. La autora sabe qué está pasando, ha brotado en su interior el germen de una novela; hace tiempo que bautizó a este acontecimiento como «el huevecillo».

Sus historias arrancan de ese modo. De sopetón, sin motivo aparente, cuando menos se lo espera. Entonces interrumpe lo que fuera que estuviera haciendo, abre su bolso y extrae una libreta y una estilográfica. En casa tiene muchas de ésas. De libretas y plumas. Las primeras le gustan de hoja blanca y satinada; las segundas, de cualquier tipo, incluidas las desechables, que son las que usa en la firma de libros, más que nada para no estropear las plumillas de las otras. Pero, ojo, no todo es analógico en su vida. La tecnología también se ha abierto camino en su método de trabajo. Desde hace algún tiempo, usa la aplicación Evernote para grabar ideas sobre la marcha. Nadie puede luchar contra los avances del siglo XXI. Ni siquiera los escritores que arrancaron su carrera con máquina de escribir, cenicero y típex.

Las notas que toma en su libreta o en su teléfono móvil a veces son ideas sueltas, pero también pueden ser frases que luego aparezcan en sus novelas tal y como las concibió en esa primera fase de su proceso creativo. Pero, para saltar directamente a los libros, los apuntes tienen que superar tres pruebas. La primera es la del tiempo, es decir, deben mantener su vigor hasta el momento en que su creadora se siente por fin a escribir la novela, cosa que ocurre en ocasiones hasta un año y medio después de haber generado el pensamiento. La segunda es la de los cuadernos. Y la tercera, la de las cartulinas.

Cuando ya ha rellenado varias libretas con garabatos de todo tipo, Montero los pasa a limpio. Transcribe ese batiburrillo de ideas en unos cuadernos tamaño cuartilla que compra compulsivamente y, cuando todo está ordenado, dibuja mapas mentales en cartulinas de colores. Hace organigramas con los personajes, entrelaza ideas con flechas y círculos, traza líneas temporales... Y sólo se coloca ante el ordenador cuando ha completado semejante rompecabezas. Un rompecabezas que, según le dijo en una ocasión cierta lectora, compone ese «papelío» que atiborra su escritorio.

Su mesa es un tablero de contrachapado con cuatro patas y muchas libretas, cuadernos y cartulinas. También hay libros, netsukes y salamandras. A la escritora le gustan esos anfibios. Tiene uno tatuado en el brazo y otros repartidos por el despacho, entre ellos, el que le regaló su amiga Ursula K. Le Guin. ¡Ah!, y en su estudio también hay una ventana por la que observa la vida que discurre en un parque. Porque Montero es claustrofóbica en lo tocante a los horarios. No soporta la idea de obligarse a seguir unas pautas de trabajo y tampoco le gusta la imagen del escritor torturado que vive encerrado entre cuatro paredes. Ella necesita libertad o, cuando menos, a los niños que gritan y corren y juegan sobre la hierba.

Ahora bien, que no se quiera encerrar y que no soporte la monotonía no significa que no sea disciplinada. De hecho, cree en la disciplina por encima de todas las cosas. Opina que un escritor ha de tener la tenacidad de una estalactita, que va creciendo en silencio y sin que nadie lo note, y durante la etapa de escritura se pasa gran parte del día trabajando. Pero sin imponerse horarios. Cada noche planifica la siguiente jornada laboral, adaptándola a las exigencias de la vida y no dejándose dominar por el calendario. Eso sí, lo que decide la víspera va a misa. Años atrás era más caótica. Escribía a golpe de impulso y, como se dejaba llevar por la obsesión, empezó a perder pelo. Se metía tanto en el texto que se le olvidaba comer y se alimentaba sólo de manzanas. Lógicamente, acabó en la consulta del médico, quien le diagnosticó carencia de L-cistina, un aminoácido esencial en la formación de las fibras del cabello. Desde entonces, es una escritora ordenada. Una que mantiene a raya la idea de la escritura como tortura y que, sobre todo, no permite que el trabajo le haga olvidar ese otro arte que es el de vivir la vida.

4 de noviembre de 2020

Pilar Eyre

El pararrayos de las conversaciones ajenas

En casa de Pilar Eyre hay más gente que en el camarote de los hermanos Marx o, si se prefiere, que en el restaurante barcelonés Il Giardinetto la noche de entrega del Premio Herralde. Hay personas en el salón, en la cocina y en el dormitorio; las hay riendo, charlando y, bueno, haciendo cosas bajo las sábanas; las hay también que visten uniforme preconstitucional, boina de maquis o collar de perlas. Toda esta variedad de sujetos se congrega a lo largo del día alrededor de la narradora y, si los vecinos no se quejan por el barullo que semejante multitud monta, es porque no se trata de personas reales, sino de los personajes de ficción que transitan por las estancias tal que si fueran almas en pena de la posguerra española.

Para esta mujer, escribir novelas es construir escenarios para los personajes que yerran por ese valle de las sombras que es la imaginación. El elemento nuclear de su narrativa, entonces, no es el argumento, sino los individuos que habrán de habitarlo, y las horas que invierte frente al ordenador —tantas y tan intensas que a menudo se olvida de comer, y no digamos de pasear al perro— no tienen otra finalidad que el muy pirandelliano deseo de proporcionar un hogar a cada uno de ellos. De hecho, Eyre se jacta de no haber creado jamás a un personaje intrínsecamente perverso, ya que, al escudriñar con paciencia su alma y al acompañarlo de la mano por su periplo, acaba siempre encontrando las causas que motivan hasta la más abyecta de sus acciones y, en consecuencia, perdonándole los errores.

LA INSPIRACIÓN

Se ve a sí misma como un pararrayos que, en vez de atraer descargas eléctricas, atrapa personajes al vuelo. En este sentido, su método de trabajo es simple: prestar mucha atención a las conversaciones y esperar a que su interlocutor, muchas veces un familiar, cuente una anécdota protagonizada por alguien cuya existencia sea merecedora de un libro. Eso es lo que hace cuando cena con unos amigos, copea con periodistas o se reúne con parientes: plantar la oreja, tirar de la lengua y, por así decirlo, encontrar fuego.

Entonces se lanza a escribir. Por la mañana, lo hace de un modo explosivo, sin prestar atención a la sintaxis ni poner los ojos en la ortografía, llenando el folio con las ideas que estallan en su cabeza; por la tarde, de una forma más reflexiva, borrando casi el 80 por ciento de lo que redactó horas antes, corrigiendo las erratas con lupa y sopesando la tipografía. Porque, según sus propias palabras, cuando se levanta tiene la energía de una veinteañera y se siente capaz de construir un edificio entero, mientras que a última hora se siente más cansada que una anciana centenaria y sólo tiene fuerzas para revisar el trabajo ya hecho.

Pilar Eyre realiza todo ese proceso en secreto. Prefiere no vender su novela por anticipado porque ha visto a demasiados autores malograrse por culpa de los contratos firmados antes de tiempo. Se trataba siempre de literatos que realmente se creyeron que su nombre era más importante que la calidad de sus textos y que, en una enorme cantidad de casos, cayeron en el olvido cuando todavía ni siquiera se habían quedado calvos. De ahí que ella rechace los adelantos: sabe que la única forma de escribir con pretensión de excelencia pasa por temer el rechazo.

Así pues, no se puede negar que esta mujer respeta la literatura, aunque luego tenga que soportar que haya quien atribuya su éxito a la fama televisiva. Esa gente desconoce que, antes de ser periodista, trabajó como lectora para la editorial Planeta. Por si no lo saben ustedes, un *lector* es una persona que cobra una miseria por cribar los manuscritos de autores desconocidos que llegan a las editoriales. Un trabajo que, la verdad, conviene abandonar cuanto antes.

En cualquier caso, este currículum demuestra que conoció las catacumbas del mundillo literario antes de ver su nombre en los puntos calientes de las librerías y, aunque el suyo ha sido un camino largo, se siente feliz con el resultado. Agradecería un poco más de reconocimiento por parte de la crítica especializada, pero sabe que los intelectuales de barba, pipa y bufanda siempre la verán como esa mujer —y recalca lo de mujer— que escribe artículos de sociedad y que, de vez en cuando, publica alguna que otra novela sin importancia. La catalana considera una injusticia que la traten de ese modo, pero se quita la quemazón de encima recordándose a sí misma que, si mañana le concedieran el Nobel, esos envidiosos continuarían murmurando que se lo han dado por salir en la tele.

15 de noviembre de 2023

Karmelo C. Iribarren

El modo poeta

Karmelo C. Iribarren tiene un poema titulado «Método» en el que básicamente dice que los poetas no tienen método. Está escrito de un modo irónico, para reírse un poco del asunto, una burla para quienes andan convencidos de que la literatura surge antes de la disciplina que del talento. Los dos últimos versos sirven de resumen: «Para no decir nada / cualquier método es bueno».

El donostiarra cree firmemente en la inspiración. La define de la única manera en que se pueden definir los conceptos confusos: de un modo abstracto y con titubeo. Dice que es «un estado en el que tú notas que estás en modo poeta». Y a continuación añade, más que nada para aclarar el asunto, que este tipo de cosas existen de verdad, que los que escriben poesía son conscientes de ello, que hay periodos en los que uno nota que algo se le mueve por dentro. Y ese algo es, por supuesto, la inspiración.

Pero a veces ocurre que eso que a Iribarren se le mueve por dentro permanece quieto días, semanas e incluso meses enteros, y durante esas fases de inactividad del alma el poeta no escribe versos. Pasea, lee y, a lo sumo, anota algo en ese diario en el que plasma sus ideas, construye aforismos o simplemente mata el tiempo. Pero ni una sola estrofa. Hasta que, de repente y sin saber ni cómo ni por qué motivo, un día se le activa el modo poeta y, al mirar a lo lejos, el mundo parece distinto.

Por lo general, este cambio de actitud se produce tras leer una frase en algún libro, muy a menudo en una novela negra, que le atrapa no tanto por su contenido como por su ritmo. Es así como ocurre: abre un libro y, ¡zas!, encuentra un tono que ya no puede sacarse del cuerpo. También puede suceder mientras hojea un periódico y tropieza con un destacado, cuando sube al autobús y escucha un comentario o cuando se acoda en la barra del bar y el camarero le cuenta un suceso. Esas noticias, conversaciones o habladurías suelen ser de lo más corrientes, de esas que ya no recuerdas a los cinco minutos, pero tienen la facultad de activar al poeta que habita en el interior de Iribarren o, si lo prefieren, de despertar a la musa que lleva demasiado tiempo durmiendo.

En esas frases pilladas al vuelo habita el germen de algo y el siguiente paso es sacarle el máximo rendimiento. El bardo se lanza entonces a caminar. Lo hace sin rumbo fijo, allá donde le lleven las piernas, a veces demasiado lejos. Porque, en realidad, no está paseando, sino componiendo. Porque Karmelo C. Iribarren escribe los poemas en su mente. No regresa a su domicilio y se encierra en su estudio y enciende el ordenador y se pasa las horas dándole vueltas a esa frase tan potente, sino que echa a andar por alguna avenida de su ciudad y, con la mirada en el suelo y las manos en los bolsillos, compone tantos versos como farolas pasa de largo mientras camina.

Cuando regresa a su apartamento, ahora sí, se coloca frente a la pantalla y transcribe aquello que compuso en su mente. Y es entonces cuando ajusta los resortes. Lo hace en el ordenador no sólo porque necesita reemplazar palabras, adaptar metros y elevar imágenes, sino también porque concede mucha importancia al dibujo que el poema revela sobre el fondo blanco. Necesita ver físicamente la forma que su obra adquirirá cuando se imprima en un libro, y sólo da la pieza por cerrada cuando, además de expresar todo aquello que debe expresar, adquiere la dimensión gráfica que le corresponde.

Después relee todos los versos con sumo cuidado y, aunque es un poeta de verso libre, a menudo descubre que algunos renglones se ajustan a eso que la métrica llama endecasílabo, que es la unidad de medida silábica que, en su opinión, mejor conversa con nuestro inconsciente. Descubrió esto durante sus años de formación, cuando dedicaba las mañanas a practicar los formatos clásicos y las tardes a convertirse en el poeta que siempre quiso ser y que, afortunadamente, ha acabado siendo: alguien que escribe sobre el ciudadano invisible, sobre el hombre que se levanta y se va a trabajar y se toma una caña y se acuesta de nuevo, sobre el individuo que pasa por la vida en silencio y que no deja huella, entre otras cosas porque sobre el cemento de las aceras ni siquiera quedan marcadas las suelas.

15 de diciembre de 2021

Claudia Piñeiro

La imagen disparadora

La casa de los escritores es a los libros lo que los abazones a las ardillas: un lugar de almacenaje compulsivo. La razón es que la gente de letras entra en las librerías y arrambla con las novedades editoriales de un modo enfermizo; después, llega a casa y apila las adquisiciones en la mesilla de noche, en la encimera de la cocina y hasta en el taburete junto al váter; y, cuando al cabo de unos meses se da cuenta de que ha acumulado más títulos de los que podrá leer en esta y en otras vidas, los regala a los amigos sin haberlos siquiera leído.

Pero la situación más divertida de cuantas se suelen dar a este respecto ocurre cuando un escritor olvida que ya tiene un libro y va y lo compra de nuevo. A Claudia Piñeiro esto le ha pasado en más de una ocasión y, como no es mujer de tirar el dinero, ha ideado un sistema de control bibliográfico que no por rudimentario deja de ser efectivo: fotografiar todas y cada una de las baldas que conforman sus tres bibliotecas: la de su propia casa, la que ha ido montando en el piso de su pareja y la que olvidó en un apartamento que ahora ocupa su hijo. En el teléfono conserva imágenes de las estanterías de todos esos lugares y, cuando tropieza con una referencia a un libro que le interesa, lo primero que hace antes de dirigirse a la librería es abrir la galería del móvil, ampliar las fotografías de la sección correspondiente y asegurarse de que no lo compró hace ya tiempo.

Por otra parte, hay que explicar aquí que esta autora firma las dedicatorias con tinta verde porque ése es el color que las mujeres argentinas adoptaron para reivindicar sus derechos, pero anota las ideas que le sobrevienen a lo largo del día con lápiz normal y corriente. Y entre todos los apuntes que toma en cualquiera de las libretas que atestan su bolso destacan los que ella misma llama «imágenes disparadoras», que no son otra cosa que las escenas que brotan inopinadamente en su mente y que desencadenan la escritura de un libro. A Piñeiro no le gusta decidir el tema de sus novelas de un modo artificial, es decir, a partir de asuntos que le llaman la atención, sino que espera a que le sea revelado a través de una imagen que genere un argumento, como ocurrió cuando, hace algunos años, vio en su cabeza a una niña que se refugiaba de la lluvia en una iglesia y que tomaba asiento en el último banco de todos. De ahí surgió su novela *Catedrales* (Alfaguara, 2021), de un flash que ni siquiera venía a cuento, y de ahí mismo ha salido el resto de sus ficciones.

Pero, si bien todas sus novelas parten de una «imagen disparadora», no todas las imágenes de ese tipo terminan convertidas en novela. Ni mucho menos. De hecho, Piñeiro anota en sus cuadernos muchas revelaciones de esas, de las que brotan en su mente de un modo tan injustificado como lo hacen los sueños, pero sólo una o dos prosperan lo suficiente como para convertirse en libros. Y precisamente por ese motivo habla de «darwinismo literario», refiriéndose con esta expresión a esa criba que el paso del tiempo realiza sobre las ocurrencias que los escritores tienen. Si una idea pierde potencia a lo largo de los siguientes días o incluso si cae en el más oscuro de los olvidos, la narradora no la persigue, prefiriendo que se pierda por siempre en la bruma y desaparezca de un modo definitivo. Pero si, transcurridas las semanas, los meses o incluso algún que otro año, la imagen persiste en la mente, entonces, y sólo entonces, podemos transformarla en novela.

Además, las «imágenes disparadoras» no siempre corresponden al principio de las historias, sino que pueden ser escenas que asomen a mitad o al final del texto y, en los casos más misteriosos, que se diluyan a lo largo de los capítulos sin dejar rastro de su existencia.

APRENDE A ESCRIBIR

Porque ocurre en ocasiones que una imagen asalta la mente de un escritor y le impulsa a iniciar un nuevo proyecto, pero que después no encuentra acomodo en el manuscrito. Y esas visiones, las que crean mundos que al final no habitan, son siempre tan inquietantes, tan misteriosas, tan inaccesibles que, de un modo que nadie comprende, acaban siendo las que cautivan de veras a los lectores. Porque lo que no se ve, ay, lo que no se ve es a menudo lo único que, paradójicamente, acabamos recordando.

14 de diciembre de 2022

Javier Cercas

La teoría Unamuno

Decía don Miguel de Unamuno que, a la hora de concebir una novela, unos escritores se comportan como animales ovíparos y otros, pues como vivíparos. Los primeros necesitan poner un huevo y empollarlo durante días antes de sentarse a la mesa y redactar el primer párrafo, mientras que los segundos sienten el germen de la historia en su interior y abren rápidamente las piernas para expulsarlo, verle la cara y ponerse a escribir. Unamuno fijó esta distinción en el ensayito «A la que salga», publicado en septiembre de 1904 en la revista madrileña *Nuestro Tiempo*, y desde entonces multitud de narradores se han agarrado a esta categorización para explicar su método de trabajo. Javier Cercas es uno de ellos.

El autor de obras ya tan distantes en el tiempo —y en la forma— como *Soldados de Salamina* (Tusquets, 2001) e *Independencia* (Tusquets, 2021) ejemplifica a la perfección la teoría de Unamuno. Lo hace porque, si en su juventud fue un escritor vivíparo, en la actualidad se define como ovíparo. El paso del tiempo ha cambiado a este hombre por completo, pero no sólo lo ha hecho en el asunto del huevo o la gallina, sino también en el modo en que encara su jornada laboral. Hasta hace relativamente poco, Cercas tenía un estudio en el barrio de Gracia al que iba a escribir a diario. Lo alquiló porque la viuda de Roberto Bolaño le dijo a su mujer que no había nada mejor en el mundo que perder de vista al marido durante unas horas al día, y aquella misma noche su esposa le instó a que buscara un despacho. Pero esto ocurrió cuando vivían en Barcelona y no en Girona, que es donde residen hoy. Ahora los rodea el campo y el escritor sale a correr tan pronto como se despierta, sobre las seis de la mañana. Ha cogido el vicio del deporte y ya no puede desengancharse, motivo por el cual no enciende el ordenador hasta las ocho y media. Cambia la mesa de trabajo por la de comer a eso de la una y después echa una siesta que, si bien no es de «pijama, padrenuestro y orinal» —que diría aquel otro maestro por todos conocido como don Camilo—, sí lo es de unos treinta o cuarenta minutos, que tampoco está mal. Por las tardes vuelve al escritorio o se entretiene leyendo, siempre según el grado de implicación que sienta con la novela que tiene entre manos. Si está en los inicios, que es la etapa del proceso creativo que más difícil le parece, prefiere rematar el día con tareas poco creativas; pero, si ya se ha adentrado en la historia y sabe perfectamente hacia dónde se dirige, regresa al trabajo y continúa tecleando hasta que, según sus propias palabras, las letras le parecen cuadrados y cae rendido.

Cuando era más joven, Cercas no practicaba ni el running ni el footing ni el jogging ni en verdad nada que lo cansara demasiado, y tampoco sentía la necesidad de echar una cabezadita después de comer. Rebosaba energía y, en consecuencia, dejaba que fuera el instinto el que guiara sus pasos. Lógicamente, en aquella época era un escritor vivíparo. Las ideas manaban de su interior a borbotones y no necesitaba anotarlas para convertirlas en novelas. Así nacieron *El móvil* (Sirmio, 1987), *El inquilino* (Sirmio, 1989) y hasta *El vientre de la ballena* (Tusquets, 1997), y aunque tuvo que reescribirlas en más de una ocasión, de tan desordenadas como salían al mundo, no puede decirse que fueran obras fracasadas. Antes bien, todo lo contrario.

Ahora es un escritor ovíparo. Cuando una idea estalla en su cabeza, coge papel y boli, la apunta en una libreta y la analiza con tanto detenimiento que acaba conociendo hasta la más diminuta de sus aristas. Los esquemas y los mapas y las listas y las flechas que suben y bajan y recorren el folio se han convertido en su forma de trabajo y, antes de transformar una ocurrencia en un párrafo, le da tantas vueltas que incluso acaba mareándola. Si alguien le pregunta si no añora la época en que se dejaba llevar por la intuición, en que concebía la literatura como una explosión de libertad, en que pensaba antes con el estómago que con la cabeza, responde que no. Porque, según aclara a continuación, uno no puede pasarse la vida escribiendo siempre el mismo libro. En su opinión, cuando no sometes las ideas a un juicio implacable, acabas repitiendo fórmulas antiguas y te conviertes en alguien, básicamente, aburrido.

Javier Cercas no quiere publicar una y otra vez la misma novela, así que ahora piensa antes de escribir. Ya no se conforma con las ideas que asoman por su cabeza, sino que las coloca sobre la mesa, las observa con atención y sólo las empolla si está seguro de que la criatura que habrá de romper el cascarón será diferente a sus hermanas. Y sólo hay que analizar la trayectoria profesional de este hombre para confirmar que, realmente, se ha reinventado cuando menos tres veces. Que no son pocas.

22 de septiembre de 2021

Rosa Ribas

La novela del silencio

La autora que mejor encarna la idea de que toda literatura contiene en su génesis una manualidad es, sin ningún género de dudas, Rosa Ribas, una mujer para quien el acto de escribir no se realiza únicamente con la cabeza, sino que requiere de la participación del cuerpo entero. Pocas narradoras hay en nuestro panorama editorial que saquen tanto partido a sus manos como esta catalana que, desde antes incluso de publicar sus primeros libros, concibe el arte de escribir como un proceso idéntico al que realizaban aquellos artesanos que hoy, cuando todos trabajamos con unos ordenadores cuyo funcionamiento interno ni siquiera comprendemos, tanto echamos de menos.

Rosa Ribas escribe a mano. Siembre con lápiz HB, que tiene trazo grueso pero a la vez blando, y en libreta A5, que cabe en el bolso y hasta en según qué bolsillos. Cuando vivía en Frankfurt, adonde partió hace treinta años y de donde regresó hace apenas uno, salía de casa a las siete y media, caminaba hasta la cafetería del barrio y ocupaba la mesa de la esquina. Los camareros ya conocían a esa cliente que, tan pronto como se sentaba, abría un estuche, sacaba un lápiz y se reclinaba sobre su cuaderno, y tanto respeto sentían hacia aquel ritual que le servían el desayuno tratando de no interrumpirla. Pero lo que nunca supieron ni ellos ni los otros clientes es que aquella escritora tocada con un mechón blanco padece misofonía, una enfermedad auditiva que hace que determinados ruidos, no se puede anticipar cuáles, resulten insoportables. Es cierto

LA INSPIRACIÓN

que las cafeterías alemanas no son ni de lejos tan ruidosas como las españolas, pero no por ello pueden ser calificadas de silenciosas, lo cual nos lleva a hacernos la siguiente pregunta: ¿por qué no se quedaba esa mujer en casa, donde el silencio era absoluto? La respuesta es sencilla: porque escribe a lápiz y, cuando trabaja en su domicilio, no puede dejar de oír el raspado de la mina contra el papel.

Escribir a mano es un tipo de solipsismo. Sólo hay que observar a un niño componiendo una redacción bajo la atenta mirada del profesor: la espalda encorvada sobre el pupitre, la lengua apretada entre los dientes, la nariz prácticamente oliendo el papel, los ojos siguiendo la frase que crece, una oreja rozando la punta del lápiz… El cuerpo de ese chiquillo parece una campana de aislamiento, el mundo exterior desaparece para él por completo. Ahora es como una roca depositada sobre la mesa. Una roca que sólo se mueve para usar el sacapuntas y la goma, para dejar el folio lleno de virutas y de alguna migaja.

Rosa Ribas ya no va a las cafeterías porque en España fueron sustituidas mucho tiempo atrás por los bares y porque resulta imposible concentrarse con el barullo que todos armamos ahí dentro. En la actualidad escribe en casa, sobre una mesa de cocina que convirtió en escritorio, con el cuerpo igual de volcado que antes pero ahora también descalzo. Cuando termina la jornada laboral, siempre tiene que lavarse las manos porque, al ser zurda, el meñique se le ensucia con el carboncillo que el lápiz desprende a medida que avanza la frase, y después transcribe en el ordenador el texto algo emborronado que quedó en la libreta. Y así avanzan sus ficciones, saltando del cuaderno a la pantalla un día tras otro, hasta que llega un momento, normalmente cuando la autora alcanza el centenar de páginas, en que siente el impulso de leer lo ya escrito e imprime el documento, alinea las hojas y encuaderna el manuscrito. Coloca dos piezas de madera a modo de tapas, las prensa con dos sargentos y embadurna el lomo con cola blanca. Luego se va a dormir y, a la mañana siguiente, tiene un fragmento de su nueva novela convertido en libro.

La creadora de la comisaria Cornelia Weber-Tejedor y de otros investigadores de diverso pelaje encuaderna sus manuscritos porque prefiere hacer la corrección de estilo a mano. No quiere arreglar el texto en pantalla porque, según ha comprobado, cuando trabaja en el ordenador sólo cambia palabras sueltas, pero, cuando lo hace sobre el papel, aprovecha los márgenes y el reverso de los folios para construir nuevas frases, imaginar escenas y mejorar las ideas que quiere que su texto desprenda. Es como si en una página todo fuera susceptible de ser mejorado, mientras que en el documento de Word parece que incluso el primer borrador merece ser publicado. Y no, por supuesto que no lo merece.

Hay algo maravillosamente infantil en esa forma de trabajar. Se diría que, en vez de una escritora adulta, sigue siendo una niña que se agarra ansiosa al pupitre cuando llega la hora de las manualidades: escribe a mano y con lápiz, lleva un plumier en el bolso, encuaderna sus propios manuscritos con cola elástica y, a veces, hasta fabrica pendientes con las espirales de madera que expulsa el sacapuntas... Incluso ha construido un «asilo de los lápices», que no es otra cosa que un cuadro con varios paspartús en los que va colocando los útiles de escritura que dieron sus minas para que ella pudiera seguir creando. Una artesana, en fin, de las de antes.

2 de noviembre de 2022

Jordi Soler

El descenso de los sueños

Jordi Soler pesca ideas mientras duerme. Ha entrenado duro para dominar sus sueños y, como lo ha conseguido, se puede decir que es escritor durante las veinticuatro horas del día, incluidas las invertidas en el descanso nocturno. Aprendió la técnica del control onírico leyendo a Carlos Castaneda, aquel antropólogo obsesionado con el chamanismo que aseguró haber descubierto la forma de alterar la conciencia mediante rituales, drogas y acaso alguna que otra mentira. Decía ese hombre que, para dirigir tus propios sueños, has de mirarte las manos de un modo consciente durante el duermevela y, si consigues verlas con claridad, pues ya puedes conducir tus fantasías. Soler se disciplinó en este método y ahora resuelve nudos narrativos incluso mientras suelta ronquidos.

Además, cree en la teoría de Carl Jung según la cual existe una especie de red invisible que recoge todos nuestros sueños y luego los redistribuye entre los durmientes. Las imágenes que vemos cuando cerramos los ojos no estarían, en consecuencia, generadas por nuestra mente, sino que serían representaciones que caen sobre nosotros tal que si alguien las hubiera lanzado desde una nube. De ese modo los seres humanos nos mantendríamos unidos, conservaríamos activa nuestra conciencia colectiva, nos guiaríamos por los mismos criterios.

El escritor mexicano —aunque descendiente de republicanos catalanes en el exilio— nunca sabe si la técnica de Castaneda o la red colectiva de Jung le regalarán la solución a un problema narrativo, pero siempre está preparado por si de pronto ocurre. Duerme con una libreta sobre la mesita de noche y, si de pronto sueña con la respuesta a un interrogante abierto en su novela, la apunta con la luz apagada. Y luego sigue durmiendo. Después, cuando se levanta a las cinco y media, va de la cama al despacho sin pasar por la ducha ni por la cocina y se pone a escribir como un poseso. Lo hace descalzo porque considera que los literatos han de estar siempre conectados con la tierra, y aunque vive en la primera planta, y por tanto, no pisa realmente el suelo, mantiene la costumbre de hacerlo porque está convencido de que la simbología de algunas acciones tiene el mismo poder que su materialización en la realidad. Y así trabaja hasta las diez, que es cuando su perro apoya el hocico en el horizonte del escritorio y le pide con la mirada que lo saque a dar un paseo.

El resto del día también trabaja, pero lo hace con la conciencia de que ya no producirá nada notable. Sabe que sus textos de verdad valiosos son los redactados más o menos entre las cinco y media y las siete de la mañana, así que dedica lo que queda de jornada a eso que llama «asuntos técnicos», que no es otra cosa que el proceso de atornillar, pulir e incluso encerar todo lo escrito por la mañana. Así pues, invierte las tardes en enlazar escenas, arreglar incoherencias y perfeccionar personajes, y, si en algún momento se queda en blanco, saca las cartas del tarot y las mira un rato. No *se las echa* ni las interpreta; simplemente las mira. Busca inspiración en los dibujos de los arcanos mayores y en más de una ocasión le ha ocurrido que, al fijarse en un detalle de la estampa, ha encontrado la idea que necesitaba para cerrar un capítulo.

Soler escribe sus novelas sin haber planeado nada con anterioridad. No hace mapas ni traza esquemas ni toma apuntes. Le basta con una simple imagen, un concepto o incluso una frase suelta que desplegará durante los tres, cuatro o cinco años siguientes. No planifica nada porque considera que el texto ha de mostrar la batalla que el escritor mantuvo con los elementos. Puesto que, para él, las ideas germinales de una novela son como un tsunami de elementos dispersos que no sólo hay que ordenar, sino que también hay que mostrar a los lectores. La tensión entre el caos inicial y la armonía resultante es lo que Soler llama «literatura» y, por tanto, lo que deben reflejar todas y cada una de las oraciones que componen la obra. Que, si me permiten el añadido, es exactamente lo mismo que sentimos cuando vemos a alguien tratando de recordar un sueño.

22 de septiembre de 2023

Agustín Fernández Mallo

El hombre de arena

Corren por toda Europa versiones de una misma leyenda según la cual, por las noches, cuando los niños se acuestan y se apagan las luces, un individuo de tez mortecina se cuela en sus alcobas, se acerca sigiloso a sus camas y derrama pellizcos de arena sobre sus ojos. Es por eso que los chiquillos se duermen aunque no quieran y es asimismo por eso que, a la mañana siguiente, algunos despiertan con unas legañas tan terrosas que hay que diluirlas en agua para arrancárselas. Y por eso a los críos hay que ayudarles a conciliar el sueño… y a algunos escritores, también.

Agustín Fernández Mallo no se duerme hasta que no le sobreviene una idea. Necesita que una imagen, una metáfora o un concepto novedoso inunde su cerebro y, cuando al fin lo encuentra, cae rendido como un bendito. Sin embargo, si ningún estímulo intelectual acude en su búsqueda, el autor da vueltas y más vueltas en el colchón, se pelea con la almohada y se martiriza repitiéndose a sí mismo que ha echado a perder el día, que vaya forma de malgastar la vida, que qué vergüenza de escritor está hecho. En otras palabras, hace justo lo contrario que el común de los mortales: en vez de poner la mente en blanco para descansar, se estruja la sesera para iluminar hasta la última de sus neuronas y, a continuación, va y se queda dormido.

Para Fernández Mallo escribir es pensar, y pensar, enlazar ideas. Lo otro, lo de sentarse frente al ordenador y componer frases, construir párrafos y estructurar libros es ya una mera cuestión de oficio.

LA INSPIRACIÓN

Pero lo de pensar, ¡ah!, lo de pensar no es tan sencillo. Su trabajo consiste en conectar hechos en apariencia dispersos, en crear enlaces entre los distintos acontecimientos que ofrece el mundo, en tejer redes entre los muchos elementos que configuran la realidad. Vamos, en darle todo el santo día al coco.

No tiene horarios ni manías ni fetiches porque, en su opinión, todos esos elementos sólo sirven para procrastinar eternamente. Los amigos de los rituales se engañan a sí mismos alegando que ayer no trabajaron porque la luz no incidía sobre el papel de una determinada manera o porque una llamada de teléfono les arrebató la concentración en el momento preciso, y luego pasan los años y no han publicado ni un triste libro. Es más, para Fernández Mallo, los rituales de trabajo encorsetan y asfixian la creatividad, y la mejor forma de no caer en esa trampa es, primero, no viéndose a uno mismo como escritor y, segundo, dejando que el impulso creativo marque el calendario laboral, y no a la inversa. De hecho, su técnica de trabajo es francamente sencilla: andar por la vida con los ojos abiertos y con la mente porosa, y dejar que la realidad haga el resto.

Si tuviéramos ocasión de espiar a este poeta, narrador y ensayista, veríamos que no estructura sus días según las tareas pendientes, sino según las domésticas. Se levanta por la mañana y desayuna, se ducha y se arregla. Después baja a la calle, hace la compra, toma un café y hasta da un paseo. Vuelve al cabo de un rato a casa, prepara la comida, se sienta a la mesa y después se pega una siesta. Por las tardes, se queda en el sofá viendo la televisión o leyendo un libro, y al llegar la noche cena un poco, se mete en la cama y hasta mañana si Dios quiere. Un espectador externo podría llegar a la conclusión de que este hombre se ha pasado el día rascándose la barriga, pero alguien que prestara realmente atención se habría dado cuenta, por ejemplo, de que el televisor que ha estado mirando durante toda la tarde tenía el volumen a cero. Y entonces entendería que Fernández Mallo no estaba perdiendo el tiempo ante un programa de entretenimiento, sino que observaba las imágenes emitidas, por más estúpidas que fueran, a la caza de alguna idea que, conectada con otra, alimentara su libro. Y ese mismo observador minucioso también habría reparado en que, mientras fregaba los platos o hacía la compra, de repente se quedaba quieto, cogía un papel y anotaba algo, para retomar enseguida su actividad como si nunca la hubiera interrumpido.

Fernández Mallo no usa libretas porque no le gusta anotar sus reflexiones de un modo ordenado, así que apunta las ideas que la vida le va regalando en el reverso de los tiques del supermercado, en los espacios en blanco del borrador de Hacienda o en los resguardos de la tintorería. Luego archiva esos legajos según la temática que garabateó en ellos, aunque también es cierto que nunca vuelve a revisarlos y deja que caigan en el olvido. Y si permite que eso ocurra es porque sabe que los hallazgos realmente importantes, aquellos que después levantarán su libro, siempre regresan por sí mismos. Porque, cuando un escritor encuentra una verdad a su alrededor, una verdad de esas que no admiten réplica, una verdad tan evidente que parece mentira que nadie la hubiera visto hasta ese momento, nunca se le olvida. No sólo no se le olvida, sino que incluso le permite irse a dormir con la conciencia tranquila. Aunque no haya escrito nada en todo el día.

7 de septiembre de 2022

Ana Merino

La cicatriz de los sueños

Estaba Ana Merino en la puerta de embarque de un aeropuerto cuyo nombre no importa ahora cuando, de pronto, los paneles informativos anunciaron la cancelación de su vuelo. La indignación recorrió la cola de pasajeros como un protón disparado en un acelerador de partículas y, cuando el murmullo inicial devino en un auténtico alboroto, la escritora sufrió un ataque de migraña: punzadas en la sien, motitas en la vista, náuseas en la garganta. La gente protestaba a voz en grito mientras su jaqueca aumentaba sin control, y ya se había echado las manos a la cabeza cuando, de repente, el malestar se disipó, el griterío enmudeció y el silencio triunfó. Fue entonces cuando aparecieron las voces. Las voces de los personajes de ficción que acababan de nacer en su mente. Rápidamente, dio la vuelta a la tarjeta de embarque que sostenía entre las manos y, abstraída ya de cuanto acontecía a su alrededor, escribió las primeras líneas de esa obra de teatro que habría de titular *La redención* (Reino de Cordelia, 2016).

Ana Merino tiene una cicatriz en el cerebro. Es de nacimiento, pero no la descubrieron hasta 2004, cuando ya tenía treinta y tres años. De pequeña sufría ausencias: se quedaba ensimismada en todas partes, parecía que dormía con los ojos abiertos, sus padres no sabían qué pensar. Después, en la adolescencia, llegaron los ataques epilépticos y el tratamiento con fenobarbital, un barbitúrico con propiedades anticonvulsivas que, de tan potente como era, la obligó a pasar todo un año en cama, tiempo suficiente como para leer los siete volúmenes de *En busca del tiempo perdido* y, claro está, como para decidir ser escritora. A los dieciocho, cuando su estado de salud mejoró y pudo por fin salir al mundo, le recetaron otro medicamento, ahora valproato, que le permitió llevar una vida relativamente normal. Y a los cuarenta, ya convertida en una autora respetada, un médico le retiró los comprimidos alegando que, a esa edad, tenía las mismas posibilidades de sufrir un ataque de epilepsia que una persona sin cicatrices en el cerebro. Lo más curioso de todo fue que, tan pronto como abandonó el tratamiento, empezó a oír voces. Las voces de los personajes que, todavía hoy, originan sus ficciones.

Ana Merino siempre concibe sus novelas y obras de teatro del mismo modo: un susurro se va intensificando en su cabeza a medida que aumenta el griterío del lugar público en el que se encuentra: un aeropuerto con los pasajeros enfurecidos, una reunión universitaria con los docentes acalorados, un restaurante con los clientes achispados… El gallinero en que de pronto se convierte la realidad abre algún tipo de puerta en su interior y los personajes de la siguiente ficción entran en su cerebro de un modo tan animado que, al final, sus voces se imponen a las del barullo exterior. Y todo esto, insistimos, desde que dejó de medicarse.

Con todo lo explicado hasta aquí, alguien podría pensar que su fuerza creativa radica, bien en la cicatriz que le recorre el cerebro, bien en los efectos secundarios de todos los fármacos que se ha visto obligada a ingerir durante casi toda su vida, pero lo cierto es que ella no atribuye su bibliografía a ninguna de esas cosas. Hace algún tiempo escribió un poema que podría reforzar aquella tesis («Escribo porque tengo / la cicatriz de los sueños / dentro de mi cabeza […] / Escribo porque a veces / mi cicatriz no sueña, / y su insomnio/me asusta»), pero no nos encontramos ante una mujer que achaque la creatividad de los artistas a las circunstancias vitales o a los condicionamientos físicos, sino al esfuerzo y a la voluntad. De hecho, está convencida de que todo el mundo, absolutamente todo el mundo, tiene un talento adormecido en su interior, pero sólo quienes lo entrenan acaban publicando libros, pintando cuadros o componiendo partituras.

En pocas palabras, si unas personas se arrellanan cada noche en el sofá, eligen una serie de Netflix y se acuestan a las tantas, otras, como Ana Merino, prefieren meterse en la cama a las diez, levantarse a las seis y contemplar el amanecer desde la ventana de su estudio. Y la diferencia no está en las cicatrices del cerebro, sino en las muescas del tesón.

11 de enero de 2023

Pilar Adón

La ética del aprovechamiento

A Pilar Adón no le gusta ir de escritora por la vida. De pequeña, se envolvía en un chal de su abuela, se montaba en unos zapatos de su madre y paseaba por la casa diciendo que era Mary Shelley o Virginia Woolf. Pero los años han pasado y ahora lleva la profesión de un modo más discreto. Por ejemplo, si está cenando con unos amigos y de repente le sobreviene una idea, no interrumpe la conversación para sacar la libreta y apuntar la ocurrencia, sino que se excusa un momento, se dirige al lavabo y, ya entre paredes embaldosadas y asientos de porcelana, anota la imagen en el primer papelucho que encuentra. Si actúa de este modo es principalmente por tres motivos: porque tiene la suficiente dignidad como para evitar dárselas de persona creativa, porque considera una falta de educación aislarse del entorno en el que uno se encuentra y porque concibe el acto de imaginar como algo lo bastante importante como para hacerlo en la intimidad y no en mitad de un encuentro de amigos.

Así pues, esta mujer tiene siempre el bolso —y los bolsillos— repleto de ideas. Va por la vida arrancando trozos de papel y aprovechando hasta la última hoja de las libretas que compra, porque pertenece a esa generación de españoles cuyas madres aderezaban las cenas de sus hijos con comentarios sobre la importancia de no dejar ni una miga en el plato, con recordatorios sobre la cantidad de niños que hay en el mundo que no pueden llevarse nada a la boca y con órdenes expresas de dar las gracias a Dios por no haber na-

LA INSPIRACIÓN

cido en lugares tan necesitados de alimentos como Biafra. A Pilar Adón esa ética del aprovechamiento se le quedó metida en el cuerpo y en la actualidad no sólo apura hasta los márgenes de los cuadernos, sino que también se niega a imprimir sus propios manuscritos con el pretexto de que, a fin de cuentas, puede leerlos, corregirlos y editarlos directamente en pantalla.

En realidad, no sólo recicla papel, sino también tiempo. Se levanta muy temprano, entre las cinco y las seis, y trabaja en su nueva novela hasta que, a partir de las nueve de la mañana, las notificaciones y los avisos se cuelan en el sistema. Son los mensajes que le envían sus compañeros de Impedimenta, la editorial que codirige desde hace más de una década con su pareja Enrique Redel, y son también los correos con los que los colaboradores externos atiborran su bandeja de entrada. La razón es que Pilar Adón tiene en la actualidad tres oficios, el de escritora, el de editora y el de traductora, y en vez de vivir ese pluriempleo como un tormento, ha encontrado la fórmula para sacarle provecho: la flexibilidad. Antes, cuando era más joven, le parecía inconcebible que un escritor trabajara con interrupciones, pero los años también han pasado a este respecto y ahora puede avanzar en su novela, detenerse para revisar una portada y traducir un par de páginas en una misma mañana. De hecho, eso es lo que hace el 99 por ciento de los escritores: adaptarse a la realidad y a la economía para evitar, de este modo, vivir amargado hasta el fin de los días.

Con todo, hay dos cosas que el devenir de los años no ha conseguido que Pilar Adón acepte: las llamadas telefónicas y la curiosidad de los amigos. No rechista cuando sus compañeros de la editorial o sus colaboradores externos atiborran su correo de mensajes, pero la melodía del móvil la saca de sus casillas y, aunque al descolgar siempre parece que está sonriendo, en verdad se está mordiendo los labios y apretando los puños. Respecto a lo otro, a lo de la curiosidad de los amigos, entiende que los seres queridos se interesen por lo que está escribiendo, pero cada vez que le preguntan de qué va su nueva novela, ella se ve obligada a responder de un modo impreciso, casi a no decir nada, a soltar dos frases confusas y zanjar así el tema. El problema aquí es que la gente no entiende que los escritores no son cuentacuentos. Lo suyo es la palabra escrita, no la oratoria, y cuando hablan públicamente de sus libros, los argumentos se vuelven aburridos, las historias se convierten en tonterías y, en general, el trabajo realizado en silencio parece una auténtica pérdida de tiempo. Por eso es mejor que los narradores no hablen nunca de lo que tienen entre manos y, ya de paso, que los lectores los dejen tranquilos. Que ya va siendo hora de que la gente asuma que, igual que no pedimos a los actores que escriban libros, no debemos pedir a los escritores que reciten textos.

12 de julio de 2023

Guadalupe Nettel

El azar como destino

En su novela autobiográfica *Nadja*, André Breton definía el concepto de «azar objetivo» como aquel hecho inesperado que acontece en el momento idóneo. Y, para que entendamos a qué se refería, nada como unos ejemplos: resulta que un día descubrimos que hemos perdido la cartera y que no tenemos dinero para coger el autobús, y justo en ese momento bajamos la mirada y vemos cinco euros tirados en el suelo. O resulta que una noche decidimos quedarnos en casa, pero nuestros amigos se ponen tan pesados que acaban convenciéndonos para que salgamos a tomar una copa, y es en ese mismo garito al que no queríamos ir donde conocemos a la persona con la que habremos de pasar el resto de nuestra vida. O resulta también que sólo hemos estudiado un punto del temario y que al profesor le da por poner esa única pregunta en el examen.

A este tipo de coincidencias las llamó André Breton «azar objetivo» y, tratando de buscarles una explicación, elaboró la teoría de que existe una ley superior que escapa a nuestra comprensión y que sin embargo justifica todas y cada una de esas casualidades. Dicha ley, pues, no sería otra cosa que el mismísimo Destino poniéndonos en el camino que prefiguró para nosotros. Ahora bien, el escritor más surrealista del siglo XX añadió un detalle que no conviene olvidar: para que el «azar objetivo» suceda, uno tiene que estar atento a las señales. Y eso es lo que hace Guadalupe Nettel cuando escribe: tener una «disposición receptiva» a todos los mensajes que el destino quiera lanzarle.

Dice la mexicana que, cada vez que se sienta a escribir una nueva novela, su vida se llena de unas casualidades que, de un modo que no sabe explicar, guardan una relación directa con la temática del libro. Este fenómeno la tiene francamente intrigada y, aunque conoce a la perfección el concepto de «azar objetivo», prefiere llamarlo, en honor a las hermanas Wachowski, *matrix*.

Pongamos de nuevo algunos ejemplos: mientras estaba escribiendo *El cuerpo en que nací* (Anagrama, 2011), autoficción en la que reconstruye su propia infancia, pero en la que también habla de una niña que se suicidó en su vecindario, fue invitada a participar como jurado de un premio literario concedido en Chile. Aprovechando el viaje, se tomó unos días libres para visitar la casa de Pablo Neruda en Isla Negra y allí descubrió que el actual director de lo que hoy es un museo había estado exiliado en México durante la dictadura de Pinochet. No sólo eso, sino que además había vivido en el mismo barrio que ella y todavía tenía familia allí, y entre los miembros de esa familia estaba la niña suicida sobre la que Nettel andaba esos días escribiendo. Si esto no es «azar objetivo», que baje Dios y lo vea.

En otro momento de su vida, durante el proceso de creación de *La hija única* (Anagrama, 2020), novela en la que reflexiona sobre la maternidad, en concreto mientras redactaba las páginas en las que recapacita sobre el proceso de apareamiento, reproducción y puesta de los pájaros, apareció un nido en el alféizar de su ventana que le permitió escribir, corregir y repasar todos aquellos párrafos mientras observaba en vivo y en directo el fenómeno de la incubación y nacimiento de unos polluelos de verdad. Y ahora que sea Breton quien baje y lo vea.

Todas estas casualidades han hecho que Guadalupe Nettel llegue a la conclusión de que la realidad no sólo se pone a menudo al servicio de la ficción, sino también de que es capaz de alterar su propio funcionamiento para beneficiar la creación de ese otro tipo de realidad que es la narrativa. Evidentemente, la autora es consciente de que muchas veces es el mismo escritor quien, de tan ob-

LA INSPIRACIÓN

cecado como está con un tema, no hace más que captar señales que en realidad no son tales, pero, como esta explicación le parece demasiado prosaica, prefiere agarrarse a la teoría de André Breton y, en todo caso, ampliarla con aquella afirmación de Friedrich Schiller según la cual «no existe la casualidad, y lo que se nos presenta como azar surge siempre de fuentes más profundas». Porque hay misterios tan hermosos en el mundo de las letras que sólo pueden ser resueltos pensando en términos mágicos.

10 de febrero de 2021

Fernanda Melchor

Toda novela es un cuarto vacío

Una novela también es la historia de una obsesión. A un escritor se le mete una imagen en la cabeza y, temiendo que caiga en el olvido, la anota en un cuaderno. Por norma general, la escena imaginada nunca será rescatada y quedará por siempre abandonada en esa especie de cementerio de relatos repudiados que son las libretas. Sin embargo, ocurre en ocasiones que la revelación no se desvanece en el aire y que, durante más tiempo del esperado, brilla en la mente del receptor con un resplandor especial. Pasan entonces los días y la idea deviene en frufrú, y el frufrú en chiquichaque, y el chiquichaque en chundachunda, consiguiendo que el ruido generado a su alrededor resulte a la postre tan insoportable que el autor no encuentra otra forma de silenciarlo que desconectando el teléfono, sentándose ante el ordenador y vomitando el primer párrafo de la que será su próxima novela. Pues las obsesiones, dice Fernanda Melchor, sólo desaparecen cuando las encierras en un libro.

La mexicana que sorprendió a la crítica internacional con *Temporada de huracanes* (Random House, 2017) lleva un diario personal en el que, entre muchas cosas más, anota las ideas que la asaltan a lo largo de cada jornada. Algunas son interesantes, otras trascendentes y unas terceras incluso susceptibles de convertirse en narraciones. Aun así, Melchor nunca relee ese cuaderno porque hacerlo le resulta aburrido y acepta resignada que lo allí plasmado nunca llegará a nada. Si alguien le pregunta qué sentido tiene dejar un registro de proyectos descartados, responde que lo importante de un diario no

LA INSPIRACIÓN

es la reconstrucción del pasado que sus entradas te permiten realizar, sino el hecho de escribirlo. Porque es mientras se escribe que vienen las ideas, no mientras se repasa lo escrito.

De manera que garabatea frases y más frases en su cuaderno y, cuando menos se lo espera, ¡zas!, acontece el milagro creativo. De repente aflora un pensamiento que no sólo no desaparece al instante, sino que ocupa una habitación completa de su cerebro. Así lo expresa la narradora: el germen de toda novela es siempre un cuarto vacío cuya puerta se abre en algún rincón de la mente y al que, durante los siguientes meses, el autor accede a diario, aunque sea sólo para colgar hoy un cuadro, para poner mañana un jarrón o para ordenar al otro una cajonera. Hasta que llega el día en que abre la puerta, enciende la luz y descubre que ya es una habitación perfectamente amueblada. Es entonces cuando toca ponerse a escribir.

Lo que hace a continuación es montar una escaleta de tres folios en la que resume el argumento, describe a los personajes y sitúa el clímax, el giro narrativo y el *midpoint*, conceptos estos últimos que aprendió durante la etapa en la que trabajó como guionista para Netflix. La novela que habrá de escribir queda pues condensada en esas cuartillas y, aun siendo esto un gran avance, todavía queda superar el reto más importante: el relleno. Porque uno puede redactar una escaleta que determine las líneas generales de una historia, por ejemplo una que trate sobre un guerrero que, concluida la guerra, emprende un viaje de regreso al hogar que se demora diez años, pero luego hay que inventar los detalles de semejante periplo. Aunque la sinopsis de la *Odisea* ya es de por sí espectacular, son las peripecias vividas por Odiseo las que de veras despiertan el interés del lector y las que, en efecto, complicaron la redacción del poema épico sobre el que se alza el resto de la literatura occidental. Así pues, si en la habitación abierta en nuestro cerebro habíamos colgado un cuadro, puesto un jarrón y ordenado una cajonera, ahora nos enfrentamos a la dificultad de describir el lienzo enmarcado, determinar la dinastía a la que pertenece la vasija y emparejar los calcetines dispersos en la cómoda. Y eso, ¡ah!, eso es lo verdaderamente complicado.

65

APRENDE A ESCRIBIR

Melchor nunca tira el primer borrador de un manuscrito porque sabe que, si en las posteriores versiones se queda atascada, siempre podrá volver a la idea original. Considera que el texto inicial contiene la información importante y que el resto de los bosquejos no son más que un constante y repetitivo limado de asperezas que, eso sí, acabarán dando como resultado la más suave de las esculturas. De hecho, ese primer texto es en muchas ocasiones tan redondo que, al menos en su caso, podría incluso ser publicado. Pero, ya se sabe, lo que diferencia a los escritores con aspiraciones literarias de los novelistas con aspiraciones comerciales es que los primeros le meten cientos de «horas nalgas» al proceso de corrección, mientras que los segundos entregan al editor la primera versión, como mucho la segunda, de su narración. Decidir a qué grupo se quiere pertenecer no es asunto baladí, entre otras cosas porque nuestro prestigio —y también nuestra economía— dependerá de ello. Así que… piénsenlo bien.

5 de octubre de 2022

Brenda Navarro

Escuchar el mundo

Lo primero que hay que hacer para escribir una novela es escuchar el mundo: visitar museos, presenciar conciertos, leer libros, mantener conversaciones, coger trenes… Tomar el pulso a la realidad, en definitiva. Tomarlo para aprehender los temas que flotan en el ambiente y, sobre todo, para captar el espíritu de nuestro tiempo. Porque alguna de las situaciones vividas, imposible saber cuál, provocará una sinapsis en nuestro sistema neuronal que, con un poco de suerte, será el chispazo inicial de una novela. No hay otra forma de arrancar, es el único truco que funciona. En palabras de una chamana con la que Brenda Navarro charló no hace mucho: «El día en que los escritores se den cuenta de que no son más que el instrumento que usan las ideas para dejar de flotar en el aire y aposentarse en la tierra, ese día te aseguro que sus novelas ganarán autenticidad».

Las ideas que flotan por todas partes y que acaban cayendo sobre la cabeza de Brenda Navarro guardan siempre relación con el dolor. O, mejor dicho, con las consecuencias del dolor. Es el tema que le interesa, el que ilumina su cerebro, el que explora en sus novelas. Esta mexicana afincada en Madrid siempre ha querido saber cómo sobrellevan las personas la irrupción del sufrimiento, qué hacen para seguir adelante tras ser derrotadas por la vida, cuánto tiempo necesitan para recuperarse del impacto. Ese es el material de sus ficciones y, para indagar en el mismo, no sólo escucha el mundo, sino que también frecuenta Twitter. Sobre todo una cuenta, Almost Died (@PerfectlyCutSho), cuyo propietario publica vídeos de gente que está a punto de morir, pero que esquiva la guadaña en el último momento. Navarro está enganchada a ese contenido, hay algo en él que la fascina, no puede dejar de verlo. Pero no por el morbo inherente a las escenas, sino porque, después de visualizar una de ellas, se queda pensando en el individuo que la protagonizaba y, más concretamente, en el modo en que ese instante debió cambiar su vida. De ahí, y de situaciones similares, saca la narradora el espíritu de sus novelas.

Después, cuando ya tiene un argumento entre las cejas, marca en un calendario el día de inicio y de finalización del proceso de escritura. Ha adoptado como norma laboral no desviarse un ápice de ese mapa temporal y también ha cogido la costumbre de elegir un grupo musical que la acompañe durante toda la redacción de la novela. Con *Ceniza en la boca* (Sexto Piso, 2022), por ejemplo, optó por la banda estadounidense Vampire Weekend y escuchó cada uno de sus álbumes a medida que avanzaba por los distintos capítulos del libro: *Father of the Bride* durante la escritura, corrección y revisión del primero, *Contra* durante el segundo, *Modern Vampires of the City* para el tercero… Por cierto, se trata de un grupo indie de rock popero que ni siquiera le gusta demasiado, pero que le dio el tono que su novela requería. De hecho, desde que entregó el manuscrito a su editor, no ha vuelto a escucharlo. Tampoco lo echa de menos.

Y dos manías más: la primera es que nunca escribe a mano, entre otros motivos porque tiene una letra espantosa, y la segunda es que necesita que la casa esté absolutamente ordenada para sentarse a la mesa. Su pareja puede levantarse por la mañana y ponerse de inmediato a trabajar —sin que esto implique que no asuma otras funciones hogareñas—, pero ella no soporta que la cama esté deshecha, que los platos se apilen en la cocina o que los cojines del sofá no estén alineados. De manera que se pone a ordenar cualquier desaguisado que perturbe su tranquilidad y, cuando todo brilla como los chorros del oro, enciende el ordenador y comienza a teclear. Sabe que es un problema educacional, que todavía hay mujeres que conciben lo doméstico como algo personal, que falta mucho para que las creadoras se enfrenten no sólo al problema de la invisibilización y la conmiseración y la infravaloración, sino también al de la asunción de ciertos roles que, de una forma clara, roban un tiempo precioso a la productividad. Ahora bien, Navarro ha aprendido a sacar partido a su manía de limpiar y dice, convencida, que no hay mejor forma de resolver un nudo narrativo que fregando un buen montón de platos. Ahora sólo hace falta que sus colegas, nos referimos a los varones, prueben esta técnica. Lo mismo los transforma para siempre.

25 de enero de 2023

Inés Martín Rodrigo

Dos estilos y una autora

Inés Martín Rodrigo concibe las mejores escenas de sus novelas mientras se ducha. La ciencia no ha demostrado que exista una relación directa entre la creatividad y la higiene corporal, pero lo cierto es que a ella se le dispara la imaginación cuando abre el grifo y estruja la esponja, y aquí se nos ha ocurrido que tal vez eso pasa porque la humedad cortocircuita los impulsos eléctricos de su cerebro y genera imágenes que nunca se habrían proyectado estando ella seca. Aunque también podría ser que los chorros que salen por los distintos orificios de la alcachofa golpeen puntos estratégicos de su cabeza, estimulando de esta manera unas neuronas que, al combinarse con otras de un modo específico, construyan mundos alternativos. Tampoco podemos descartar que todo ese desparrame de fantasía tenga su origen en el mero y simple placer que produce el agua al resbalar por nuestra espalda y que sea precisamente ese disfrute el que lanza ejércitos de endorfinas contra los muros del inconsciente, y el que los derriba y libera su contenido.

Sea como sea, este despliegue de imaginación no se da hasta las diez y media, que es cuando la escritora se ducha, pero antes de que esto ocurra han pasado otras cosas. Porque estamos ante una persona que se levanta a las seis y media y que, antes de ponerse a trabajar, prepara el único café que tomará a lo largo del día. Después, se sienta frente a un escritorio que en verdad es una tabla adosada a la pared, y comprueba que todos y cada uno de los útiles de escritura están en su sitio: el ordenador en el centro, la libreta

LA INSPIRACIÓN

a un lado, el bolígrafo abajo a la derecha… Sobra decir que es maniática, aunque ella prefiere la palabra metódica. Durante las cuatro horas que dedica cada día a su propia literatura, no navega por internet ni enciende el teléfono móvil, limitándose a usar un ejemplar del diccionario Espasa para documentarse de cuanto necesita. Y, cuando el reloj marca las diez y media, cuenta las palabras que ha escrito, apaga el ordenador y entra en el lavabo como si fuera una concursante de *Lluvia de estrellas*.

Inés Martín Rodrigo entra en el baño como escritora y sale como periodista. La ducha es la puerta humeante que separa el mundo de la ficción del de la realidad pura y dura, la frontera entre dos oficios muy cercanos pero aun así diferentes, la moneda que simboliza las distintas caras de una misma persona. Durante catorce años trabajó en la sección de Cultura del diario *ABC* y actualmente forma parte del equipo de *Abril*, el suplemento literario del grupo Prensa Ibérica. Siempre ha tenido fama de buena periodista, pero ahora se ha forjado una reputación como escritora. Es por eso que hoy navega entre dos mundos, el de las estilográficas y el de los plumillas, y, aunque a veces siente el impulso de centrarse en uno solo, siempre acaba recordando las palabras que en cierta ocasión le regaló Rosa Montero: nunca cuelgues los hábitos de reportera.

De manera que las dos profesiones habitan en esta mujer en total armonía, sin peleas ni desprecios ni miraditas por encima del hombro. Siempre se ha dicho que los escritores que también ejercen el periodismo y los periodistas que también ejercen la literatura tienen en el fondo una inclinación mayor hacia un lado que hacia el otro, pero en su caso no es cierto. Podría parecer que lo de pensar en la novela mientras se ducha indica una querencia superior hacia la literatura. Y lo mismo ocurriría con la costumbre de dar un paseo que adquirió hace tres años. Cada día, sobre las nueve y media de la noche, sale a caminar por una ciudad ya oscurecida. Es su manera de cerrar la jornada, la forma de decirse a sí misma que no debe perder horas de sueño, el modo de anteponer su salud al trabajo, y, aunque echa a andar con el firme deseo de no pensar en nada, siempre acaban apareciendo en su mente escenas que embellecerán su nuevo libro.

Todo esto podría incitarnos a creer que la palabra «escritora» pesa más que la palabra «periodista», pero nada es en realidad tan sencillo, y menos en la mente de alguien que se dedica a las letras. Porque resulta que, la víspera de una entrevista importante, Martín Rodrigo siempre sueña con la conversación que mantendrá al día siguiente. Y, claro, unas horas después, cuando al fin tiene delante al entrevistado de carne y hueso, le invade la sensación de que todo esto ya lo ha vivido.

Así pues, entre las escenas que construye tanto en la ducha como en los paseos y las entrevistas que realiza en sueños resulta imposible discernir qué profesión lleva esta mujer más adentro. Cuando se lo preguntamos a ella, se encoge de hombros, dice que no tiene respuesta y, eso sí, añade que de lo único que se siente orgullosa es de no haber caído en uno de los errores más típicos: usar la misma voz para escribir ficción y periodismo. Y si ha conseguido tener dos estilos distintos es, sin lugar a dudas, porque sus padres le enseñaron a ducharse a diario.

28 de junio de 2023

Irene Solà

Una piscina a medio llenar

Irene Solà nunca sabe de qué va la novela que ha empezado a escribir. De hecho, inicia sus proyectos tan a ciegas que no sólo no comienza por el primer capítulo, sino que tampoco termina en el último, lo cual tiene bastante lógica si valoramos que desconoce por completo el argumento de la ficción que se propone ejecutar. No se ha parado a pensar en los protagonistas, ni en los escenarios, ni tampoco en la época en la que trascurre la acción, y aun con estas carencias se sienta cada día y escribe del tirón. Y si puede hacerlo es porque hay una cosa que sí tiene: un tema que investigar.

Por ejemplo, hace algún tiempo se preguntó cómo debían funcionar los mecanismos narrativos que permiten mostrar una misma situación desde perspectivas distintas, y las ansias de encontrar una respuesta la llevó a escribir una novela, *Canto jo i la muntanya balla* (Anagrama, 2019) [*Canto yo y la montaña baila* (Anagrama, 2019)], que pasó automáticamente a formar parte del canon literario cuando menos catalán. El argumento de ese libro, con sus setas que hablan y sus campesinos que recuerdan y sus fantasmas que evocan, así como su escenario principal, ese Prepirineo donde se persiguió a las brujas y se ejecutó a los republicanos y se odió entre familias, no fueron elegidos por despertar un interés especial en la autora, sino por constituir el contexto perfecto para responder a la pregunta sobre la forma en que se construyen las novelas dotadas de múltiples puntos de vista. Así pues, y por resumir, se puede decir que Irene Solà escribe relatos para encontrar las claves de un tipo de asuntos que sólo se hacen visibles durante el proceso de creación literaria.

Y, como a muchas personas todo esto les parecerá un embrollo de padre y muy señor mío, ha elaborado una metáfora que sirve de aclaración: escribir es como nadar en una piscina que, estando todavía medio vacía, se sigue llenando mientras nosotros chapoteamos en ella. Y es a medida que el nivel del agua aumenta, con las implicaciones que esto tiene para la flotabilidad y la resistencia y otros elementos biomecánicos, que nuestro estilo mejora y que, en consecuencia, nuestro conocimiento del medio aumenta.

Evidentemente, hay escritores que buscan captar la atención de los lectores saltando desde el trampolín, practicando mariposa o buceando a pulmón, pero por lo general hacen todas esas virguerías cuando la piscina está llena, es decir, cuando tienen claro el argumento de su próxima novela; y luego hay otros que, como Irene Solà, entienden la escritura no como la ejecución de un plan preestablecido, sino como un proceso de indagación que, pese a su vagabundeo (o precisamente gracias a él), acaba adquiriendo forma de obra maestra.

Por supuesto, no todas las preguntas que afloran en la cabeza de Solà acaban encontrando acomodo en la ficción. Hay muchas que son un callejón sin salida y que nunca devienen en novela. Pero, ya se sabe, escribir es como plantar semillas: las echas todas al surco y cruzas los dedos para que al menos germine una. Ahora bien, cuando al fin asoma una plántula en ese erial que a veces es la imaginación, es obligación del escritor cuidarla hasta que se transforme en un árbol cuyas ramas se bifurquen y trifurquen y cuadrifurquen igual que hacen las subtramas en las novelas llenas de interrogantes.

11 de octubre de 2023

Mario Obrero

La puerta de los inocentes

Mario Obrero no persigue ideas. No actúa como los excursionistas que se adentran en el monte con los cazamariposas al hombro, que meten a los lepidópteros capturados en frascos de cristal y que, ya en casa, los clavan todavía vivos en paneles de corcho. No, este poeta no es de ese tipo de autores. Él prefiere que las mariposas revoloteen a su alrededor y, si alguna se aleja para siempre, pues buen viaje y adiós muy buenas.

Se entiende, pues, que no apunta todas las ideas que le vienen a la cabeza. Prefiere que aparezcan y desaparezcan a su antojo, y sólo se sienta a escribir cuando se han instalado tantas en su interior que, por así decirlo, tiene que sacárselas de encima. Por eso no hay que ver a este veinteañero como a un montañero con ínfulas de entomólogo, sino como un embalse que se llena lentamente y que, a punto ya del rebose, abre las esclusas para reducir su nivel. Sus poemarios serían, en este sentido, las palabras desaguadas que cayeron a chorro sobre las páginas en blanco de un libro.

Ahora bien, para que el pantano se llene, para que las ideas se acumulen, para que el poeta sienta la necesidad de vaciarse, tiene que haber habido antes lo que la *sinsombrero* Concha Méndez denominó «sed de horizontes», esto es, una mirada que observe el mundo con voluntad poética, que interprete la realidad a partir de su misteriosa relación con el lenguaje, que busque en todas partes algo que trascienda. En definitiva, una mirada que, según indicó el poeta surrealista Aldo Pellegrini en la primera frase de aquel ensayo publicado en el número 9 de la revista *Poesía*, sólo poseen los inocentes: «La poesía tiene una puerta herméticamente cerrada para los imbéciles, abierta de par en par para los inocentes».

Los escritores como Mario Obrero no tienen una visión colonizadora de la literatura. No quieren alcanzar, conquistar y dominar las ideas tan pronto como se manifiestan, sino que prefieren dejarlas fermentar y retomarlas al cabo del tiempo. Es lo que él mismo llama «repoetizar el destello», es decir, recuperar una idea que asomó tiempo atrás y reinterpretarla ya en frío. Su experiencia le ha demostrado que, en muchísimas ocasiones, por no decir siempre, el resultado es mucho mejor que el que se obtiene trabajando en caliente.

Además, contrario a lo que la gente cree, los poemas no nacen sólo de las ideas. No tienen un origen etéreo, sino otro mucho más físico. Mario Obrero aprendió esto durante sus años en el Conservatorio. Allí le enseñaron que la guitarra clásica no se toca ni con el alma ni con el duende, tampoco con el arrebato, sino con el cuerpo entero, y que, por poner un ejemplo, no basta con saber lo que es un floreo, sino que es preciso tener unos dedos anatómicamente adecuados para realizarlo como es debido. El muchacho acabó aceptando que aquel no era su lugar y abandonó la música siendo ya adulto. Pero no fue aquel un tiempo perdido, porque se llevó en la maleta unos conocimientos que hoy, cuando está en el tren, en el bar o en cualquiera de esos sitios concurridos en los que dice sentirse más a gusto, escribe unos versos que a los demás nos suenan como puntos, rasgueos y también arpegios.

Inédito

II

La escritura

Cristina Fernández Cubas

Escribir con libertad

Lo que realmente le gustaba a Cristina Fernández Cubas era escribir en los trenes de antes. No en los de ahora, sino en aquellos cuyos vagones tenían compartimentos de seis personas, sofás tapizados en cuero y puertas correderas con acceso al pasillo. En cuanto el vagón empezaba a traquetear y la estación desaparecía, la autora de Arenys de Mar sacaba una libreta, respiraba hondo y entraba en su mundo de fantasías. Y sólo interrumpía su labor creativa cuando el revisor entraba en la cabina para marcar los billetes o cuando algún pasajero la importunaba con sus batallitas.

Todo eso ocurría en lo que llama la «era premóvil», cuando la gente no viajaba con la mirada clavada en una pantalla y aprovechaba los viajes para ejercitar el intelecto. En aquella época, la gente leía libros y periódicos, conversaba con desconocidos o contemplaba paisajes, rellenaba las casillas de los crucigramas y pescaba palabras en las sopas de letras. Todas esas cosas hacían las personas en los compartimentos, mientras Fernández Cubas escribía relatos con un bolígrafo que, de vez en cuando y siempre por culpa de los baches del camino, salía disparado sobre el papel y dejaba un latigazo de tinta en el párrafo.

Los trenes ya no conservan el espíritu romántico de antaño, pero la autora catalana ha encontrado la forma de perpetuar las sensaciones que la embriagaban cuando viajaba en aquellos vagones. La clave es que, por motivos arquitectónicos ajenos a su voluntad, vive en un apartamento con dos niveles. No dos plantas, sino dos niveles separados únicamente por un escalón. Ha instalado su despacho en el superior, de manera que algunas mañanas, cuando tiene algo que escribir, hace el mismo gesto que cuando cogía uno de esos trenes: subir un peldaño.

Su despacho es ahora el compartimento donde escribe las ficciones y, como ocurre con los viajes, sólo lo hace cuando tiene un destino al que llegar. Si ninguna idea le ronda la cabeza, no coge el tren y entretiene las horas del día con rutinas de otro calibre. Porque, como ella misma dice, la literatura es una parte de la vida, pero luego está la vida en sí.

La gran cuentista de la literatura española contemporánea no escribe a diario ni se martiriza con los horarios laborales. Da más importancia a los azares del día a día que a las ansiedades por publicar y, si una mañana ha de recibir al fontanero o visitar al médico, pues no entra en su despacho y se queda tan campante. No sufre por ello, igual que tampoco se angustia ante el folio en blanco. Asegura que no entiende a los escritores que viven atenazados por ese miedo, porque, en su opinión, no hay nada más hermoso que una hoja que continúa virgen.

Cristina Fernández Cubas no se deja dominar ni por las rutinas ni por las disciplinas ni por los horarios prusianos, y sólo se sienta frente al ordenador cuando algo la obsesiona. Por ejemplo, una vez soñó con una mujer vestida de verde que la observaba en la calle y al día siguiente escribió un relato sobre una mujer vestida de verde que la observaba en la calle. También se le metió en la cabeza la idea de una escritora convencida de que todo había sido ya contado y, claro, compuso un relato sobre una escritora convencida de que todo había sido ya contado.

Dice Fernández Cubas que no tiene ni obsesiones ni manías ni supersticiones porque las exorciza a través de sus cuentos. Si se le mete una idea en el cuerpo, se la saca de encima literalmente de un plumazo y luego nota algo así como una sensación de andar ligera. Es una concepción terapéutica de la creación literaria, una que resta romanticismo al oficio, que rompe las cadenas que amargan a tanto creativo. Pues esta mujer vive con tanta naturalidad eso de la literatura que ni siquiera tiene un escritorio de los típicos. Hace algunos años cogió una puerta vieja y la colocó sobre dos caballetes, y no ha necesitado otras parafernalias para escribir cuentos hermosos. En el pasado, cuando era muy joven, sí seguía normas estrictas y se preocupaba por la productividad de su trabajo, hasta que un día comprendió que no tiene sentido coger un tren si uno no tiene un lugar al que dirigirse.

2 de diciembre de 2020

Soledad Puértolas

Escribir en el agua

Cuando alguien le pregunta a Soledad Puértolas qué es el estilo, ella responde que es una forma de nadar. Sus interlocutores se quedan entonces en silencio, acaso reflexionando sobre la profundidad del símil, y sólo algunos esbozan una sonrisa consciente de que, cuando esta mujer habla de nadar, no se refiere a otra cosa que no sea nadar. Es decir, desvestirse, ponerse el bañador y tirarse a la piscina. El estilo es para ella el crol, la braza, la espalda y la mariposa. Y lo otro, bueno, lo otro es literatura.

Soledad Puértolas se aficionó a la natación a una edad tardía, cuando sus hijos dejaron de ser niños y ya no tenía que desvivirse por ellos. Se apuntó a un gimnasio, probó suerte en la zona de aguas y se acostumbró a hacer cuarenta largos tres veces por semana. Descubrió que le gustaba ese deporte por motivos bien distintos: primero, porque le fascinó experimentar la sensación de que se pueden descubrir cosas nuevas a una edad ya avanzada; segundo, porque al deslizarse por la superficie sentía que su cuerpo se diluía; y tercero, porque le encantaba charlar con sus amigas en esos vestuarios donde, según dice, la desnudez hace que afloren las verdades.

Pero, claro, inevitablemente llegó el momento en que narradora y nadadora se fundieron, y fue entonces cuando Puértolas comprendió que la mejor forma de escribir era también la mejor forma de nadar: con naturalidad, dejándose llevar, casi sin pensar en el cuerpo. Se convenció de que el agua era como un folio en blanco, un lugar en el que sólo debes preocuparte por avanzar, un medio en el que uno ha de dejarse llevar, un espacio en el que hay que desprenderse de la realidad.

Pero la escritora ya no nada tanto como antes. Padece fibromialgia y, aunque todavía haya quien niegue la existencia de esta enfermedad, a ella le duele todo el cuerpo. La falta de salud siempre ha estado presente en sus textos, pocas escritoras han reflexionado tanto sobre el modo en que esa carencia nos afecta, y ahora es ella quien sufre sus consecuencias a diario. En la actualidad, prefiere cocinar que viajar, coser que correr y recibir que visitar, pero no por ello ha perdido la rutina de escribir.

La zaragozana se levanta cada día bien temprano, da un paseo por el barrio y se pone a escribir normalmente hasta la una de la tarde. Evita el despacho porque le parece un lugar demasiado serio para que la imaginación salga a jugar y prefiere acomodarse en los otros rincones de la casa antes de ponerse el sombrero de escritora. Por cierto, cuando se instala en la cocina suele escribir a la vez que guisa, y así, entre párrafo y párrafo, levanta la tapa de la cazuela y comprueba que todo hace chupchup.

Después se bebe una cerveza, se sienta a comer y se pega una siesta. La tarde la dedica a asuntos más livianos, como preparar una conferencia, leer un rato o estirarse en lo que llama «el sofá de corregir», donde se tumba a revisar lo que escribió por la mañana y donde espera a que la noche asome por la ventana.

Así transcurren los días de Soledad Puértolas, con la tranquilidad necesaria para crear y con la disciplina de quien hace cuarenta largos a diario. De hecho, dice que no entiende a los escritores que se pasan ocho horas ante la pantalla. Le provocan admiración y perplejidad al mismo tiempo y, cuando los oye fardar de sus jornadas maratonianas, piensa que, en su opinión, el exceso de trabajo creativo nunca es, por paradójico que parezca, bueno para la creación.

¡Ah!, y otra cosa más: le divierte mucho que algunos narradores digan que, cuando están escribiendo intensamente, evitan leer a colegas por miedo a que se les pegue el estilo. Ella se ha pasado media vida compartiendo piscina con otros nadadores y nunca le ha ocurrido eso de estar haciendo crol y, al pasar junto a un compañero de carril que haga braza, descubrirse a sí misma moviéndose como una rana. Además, para que algo nos contagie, dice, tenemos que ser propensos al contagio. Vamos, que no se convierte uno en una persona elegante por el mero deseo de querer serlo, ni tampoco escribe uno como Nabokov simplemente por leerlo durante un rato. Más claro, agua. Y sin cloro.

13 de enero de 2021

Carme Riera

Los idiomas del corazón

Carme Riera escribe con dos portátiles colocados uno delante de otro. El que le queda más cerca lo suele usar para el catalán y el de detrás, pues para el castellano. En el resto de la mesa, papeles, papeles y más papeles. Tantos que, literalmente, el único hueco libre es el que ocupan los ordenadores.

Durante las cuatro horas diarias que dedica a la escritura, por lo normal de cuatro a ocho de la tarde, la académica de la lengua construye frases en un idioma e, inmediatamente, las traduce al otro. Es un método curioso: compones una oración en el primer portátil, bajas la tapa y repites la misma frase —pero en la siguiente lengua— en el segundo aparato. Y así una vez tras otra.

Quienes no sean absolutamente bilingües, y recalcamos aquí lo de absolutamente, tal vez requieran en este punto de una breve explicación sobre el funcionamiento de un cerebro que opera con la misma efectividad en lenguas distintas. Los españoles que viven en comunidades con un idioma propio (por cierto, casi la mitad de la población) suelen tener en su fuero interno una lengua que pesa más que la otra. Esa lengua es la materna. Y es también la de los sueños.

Los escritores de dichos territorios, pues, se inclinan por el habla que prevalece en su mente, excepción hecha, claro está, de aquellos que eligen el idioma pensando en el dinero, los cuales se inclinan lógicamente por el castellano, aun cuando esta elección vaya en detrimento de la naturalidad con la que luego se expresarán. Pero los otros, los que son sinceros consigo mismos, escriben sus libros en la lengua de los sueños y luego los dan a traducir a sus editores o, en algunos casos, los traducen ellos mismos.

De ahí que sea extraño que alguien escriba las dos versiones de una misma novela en paralelo. Es, si me permiten la comparación, como pedir un cubata y un gin-tonic a la vez, e ir bebiendo de los dos vasos de un modo indistinto. Se puede hacer, claro, pero parece algo más propio de un loco.

Pues Carme Riera trabaja así: con dos ordenadores sobre la mesa, escribiendo ahora en uno y luego en otro, subiendo y bajando una y otra vez la tapa del primero para acceder al segundo… Pero, cuidado, la posición de ambos aparatos no es siempre la misma. Unas veces coloca delante el destinado al castellano y otras el del catalán, dependiendo siempre del manuscrito que tenga entre manos. Porque también les ocurre a las personas absolutamente bilingües, y recalcamos de nuevo el adverbio, que manejan un idioma para unas cosas y el otro para asuntos distintos. Lo habitual es que la «lengua de la cultura», que suele ser aquella en la que fuimos escolarizados y, por tanto, aquella en la que nos gusta leer y escribir, sea el castellano, pero no porque este idioma presente unas características superiores al resto, sino porque ya se encargó el franquismo de que sólo hubiera una forma de hablar en los colegios, ahogando de este modo la riqueza cultural del país y logrando que todavía quede una enorme cantidad de personas que conciben el español como el código de lo cultural y el catalán, el euskera, el gallego o el asturiano como el de lo sentimental, por ser estas lenguas las que sólo se empleaban en casa.

Eso es precisamente lo que le ocurre a Carme Riera con su bilingüismo: que asocia lo académico (los ensayos, sobre todo) al castellano, y lo emocional (la novela, claro), al catalán. Y, en virtud de lo que vaya a escribir, coloca en primera fila el ordenador de un idioma o el del otro.

Esa diglosia la vive con una naturalidad sorprendente. Es tan idéntica su relación con ambas lenguas que a veces se pregunta cuál será la que emplee cuando venga la muerte y la mire a los ojos. Su padre siempre usó el castellano en casa, pero en sus últimos días, ya tumbado en la cama, se puso a hablar en mallorquín por los codos. Desde entonces, Riera sabe que muchos bilingües usamos una lengua para ir al mercado y otra para tener sueños. Y que no sabremos en qué idioma habla realmente nuestra alma hasta que ya sea tarde y nos la estén quitando.

5 de abril de 2023

Miguel Munárriz

El complejo Wertheimer

Hay algo de Wertheimer en todos los periodistas culturales. Wertheimer es, por si no lo recuerdan, uno de los personajes de *El malogrado*, de Thomas Bernhard. En concreto, el pianista que, consciente de que nunca alcanzará el virtuosismo de Glenn Gould, abandona toda pretensión de convertirse en un gran músico y se entrega a un abandono vital que, lógicamente, desemboca en el suicidio. A lo largo del relato, narrador y lector asisten al proceso de autodestrucción no sólo estupefactos, sino también rabiosos ante la certidumbre de que Wertheimer podría haber devenido en un gran músico si no hubiera cometido el error, por otra parte frecuente, de compararse sólo con los mejores. Dado que, ¡ay, amigos!, no hay mayor verdad en el mundo de las artes y las letras que esa que dice que la creatividad de los demás puede aplastar de un manotazo la nuestra.

Siempre se ha dicho que todos los periodistas tienen una novela en el cajón o, cuando menos, en la cabeza. Tal es el caso de Miguel Munárriz, uno de los agentes culturales más activos de cuantos pululan y han pululado por este país. Su currículum como editor tanto de libros como de suplementos, así como su obra periodística y —ahora algo abandonada— poética, le ha hecho estar en el centro de todos los saraos desde los mismísimos inicios de su carrera, pero al mismo tiempo lo ha bloqueado a la hora de emprender la tarea de escribir su propia novela. Se lo ha propuesto por activa y por pasiva, lo han espoleado los sellos más consolidados, ha sentido la llamada de las musas en no pocas ocasiones... Pero nunca se ha puesto a ello. ¿Por qué? Por varios motivos.

El primero de ellos podría ser lo que aquí llamamos «complejo Wertheimer», ya explicado en el arranque de este texto, pero matizado en la siguiente frase: los periodistas culturales leen libros tan elevados que, siempre o casi siempre, se convencen a sí mismos de que, si se pusieran a escribir ficción, no aportarían ni una sola coma a la historia de la literatura. Es más, puede que incluso corrieran el riesgo de cometer alguna falta de ortografía. Se equivocan, por supuesto, pero tantos años entrevistando a grandes autores, reseñando libros que integran el canon contemporáneo a poco de salir de imprenta y redactando reportajes sobre las nuevas corrientes literarias hacen que cale en ellos el convencimiento de la inutilidad de emprender su propia empresa narrativa. Si a esto le sumamos el temor a que, habiéndose pasado la vida haciendo crítica sobre la obra de los demás, ahora sean ellos el objeto de la crítica, tenemos la combinación perfecta para que repriman sus ansias de probar suerte con la ficción.

El segundo motivo podríamos encontrarlo en la satisfacción que les produce la creación literaria de corto recorrido. Al periodista cultural, como le ocurrió a Munárriz, se le suele ofrecer más tarde o más temprano alguna columna de opinión que, por norma general, acostumbra a convertir en una mezcla de información y narrativa. Y estas pequeñas piezas acaban conformando, de un modo u otro, su auténtica obra literaria. Tal vez no lleguen a verse compiladas en un libro y se pierdan en la noche del periodismo, pero su autor siempre tendrá la satisfacción de saber que, si bien jamás deleitó a los lectores con una novela de largo recorrido, sí les proporcionó unos minutos de felicidad con sus textos efímeros. En el caso de Munárriz, por ejemplo, los modelos en los que se basa para ejercer esta labor son los de clásicos como Francisco Umbral, Julio Camba y Manuel Vicent, todos autores que, si no hubieran publicado ficción, habrían pasado igualmente a los anales de la literatura.

El tercer y último motivo de esa evitación del arte novelístico por parte de algunos periodistas culturales es el convencimiento de que, en verdad, la novela perfecta siempre es aquella que no hemos escrito. Mientras la historia permanece en nuestra mente, mientras no materializamos el argumento, mientras no volcamos la imaginación sobre el papel, nadie puede poner en duda nuestra ficción. Pero si damos el salto de fe y la transformamos en un texto, bueno, en ese caso descubriremos que tenían razón quienes aseguraban que las novelas nunca acaban siendo como sus autores esperaban. La insatisfacción con el resultado obtenido es, empero, algo normal en el oficio. Resulta del todo imposible encontrar a un solo narrador que diga que la idea inicial de su ficción se corresponde con el resultado final; lo habitual es que entreguen el manuscrito a sus editores no por estar realmente terminado, sino por parecerles imposible continuar trabajando en él. Y de todo esto se puede deducir que la única diferencia entre quienes publican libros y quienes se bloquean a sí mismos es que los primeros aceptan que las novelas siempre son una decepción, mientras que los segundos viven aterrados ante la posibilidad de decepcionar a los demás.

Así pues, aprovechamos aquí la ocasión para animar a todos los periodistas culturales, Miguel Munárriz incluido, a que maten al Wertheimer que llevan dentro y se pongan a escribir esa novela que tantos años llevan cargando sobre los hombros. Total, lo peor que puede ocurrir es que nada cambie y sigan siendo maestros en su oficio.

23 de noviembre de 2022

Arturo Pérez-Reverte

El último escritor ruidoso

Arturo Pérez-Reverte es el último escritor ruidoso del panorama literario español. Habrá quien se tome esta afirmación en sentido metafórico, acaso pensando que nos referimos a su tendencia a opinar en voz alta y a bostezar cuando le dan la réplica con más rabia que argumentos, pero aquí somos un pelín prosaicos y, cuando decimos lo de ruidoso, no hablamos de otra cosa que no sea su instrumento de trabajo. Y es que el creador de personajes tan populares como Lorenzo Falcó o el capitán Alatriste usa un teclado Qwerkywriter S, que es un cachivache tecnológico que emula el repiqueteo de las antiguas máquinas de escribir.

Se compró ese chisme porque le gusta el sonido tradicional de la literatura, el que todos asociamos a los grandes autores del siglo pasado o a los periodistas de las antiguas redacciones, y desde entonces se pasa las mañanas haciendo tac-tacatac-tactac en ese despacho que llama «búnker». Se levanta sobre las ocho, hace ejercicio en el jardín y después se pega una ducha. A las nueve ya está frente a su Qwerkywriter S y allí permanece hasta las dos, todos y cada uno de los días de la semana, sin más excepción que la que le imponen los viajes de trabajo y las salidas a alta mar que emprende de vez en cuando. Cuando termina la jornada, imprime los dos folios que acostumbra a escribir —en los días buenos, hasta tres y medio—, los guarda en una carpeta de cuero destinada a tal efecto y descansa hasta la tarde, que es cuando agarra su Montblanc y se pone a corregir.

Arturo Pérez-Reverte tiene tres escritorios en el sótano donde construye sus ficciones: uno para crear, otro para revisar y el tercero, bueno, el tercero para amontonar libros, papeles y, en general, utensilios vinculados al oficio. El ordenador, que se encuentra en la primera de las mesas, carece de internet porque su dueño no quiere distracciones, y esto hace que, cuando pone el punto final a una novela o a un artículo, se vea obligado a grabar el documento en un lápiz de memoria, subir hasta la segunda planta de su domicilio y enviarlo a través de otro ordenador que está conectado a la red pero que no contiene nada en su disco duro. No se debe olvidar que este hombre también es marinero y, lógicamente, prefiere tener a los piratas bien lejos.

Además de mantener la tecnología a raya, guarda dos máquinas de escribir antiguas —pero del todo operativas— a buen recaudo. Dice que el día en que se produzca el gran apagón y las nubes dejen de ser dispositivos de almacenamiento remoto para recuperar su tradicional condición de simples cúmulos de agua, él será el único que podrá seguir escribiendo. Si los ordenadores dejan de funcionar, todos volveremos al papel y al lápiz, pero un día cualquiera, al salir a dar una vuelta y pasar bajo una ventana, escucharemos el golpeteo de unos tipos contra un rodillo y el timbre marginal de un carro que marca el final de la línea, y sabremos que hay un escritor que no ha cambiado de hábitos. Será entonces cuando comprendamos que en este mundo hay gente preparada para cualquier eventualidad… y que luego ya estamos los demás.

Así pues, en su sótano las cosas están pensadas para promover la concentración y asegurar la escritura, y el único entretenimiento que se puede encontrar son los libros que forran las paredes. La mayoría son de historia, que es la principal fuente de documentación que maneja para sus ficciones, pero también los hay de eso que su propietario considera el abecé del oficio: grandes clásicos, literatura universal y Siglo de Oro. Asegura que todo aspirante a narrador debe profundizar en la tradición helénica, romana y bíblica, zambullirse en los grandes autores de todos los tiempos —incluidos, por supuesto, los contemporáneos— y chupar hasta el tuétano del Siglo de Oro, en especial el representado por Quevedo y Cervantes, que fueron quienes no sólo inventaron el castellano, sino quienes además afilaron su léxico.

Sin estos tres pilares no se puede levantar un templo a la literatura, aunque lo cierto es que sólo hay que entrar en una librería para darse cuenta de que, actualmente, se puede publicar sin saber nada de eso. Porque la narrativa española contemporánea, dice el cartaginés, abunda en gente que sólo ha leído novelas de John Fante y visto películas de Quentin Tarantino, y que encima va por ahí de garante de la narrativa española. Y luego ocurre lo que ocurre: que aparecen jovenzuelos asegurando que han descubierto la sopa de ajo cuando en el siglo XIX ya la comían hasta los analfabetos. De manera que, para no quedar como incultos y para además escribir con talento, lo que los aspirantes a narradores han de hacer es tomarse la tradición en serio y leer a los clásicos sin descanso, a todas horas y en todo momento, si hace falta hasta que se les caigan los ojos y se les seque el cerebro. Y si no les apetece, pues tienen dos opciones: hacerlo igualmente o buscar otro oficio.

31 de enero de 2021

Horacio Castellanos Moya

Los árboles que brotan del asfalto

Horacio Castellanos Moya tuvo la inmensa suerte de nacer en un país sin literatura. El Salvador de su juventud era un páramo cultural en el que, por no haber, no había ni sistema editorial y en el que los escritores eran vistos por las autoridades como elementos subversivos a los que convenía, si no silenciar, cuando menos controlar. Con semejante ambiente político se entenderá que, cuando alguien oía el susurro de las musas, se tapara los oídos y se pusiera a silbar.

Este clima de represión llevó a la ruina a uno de los países más pobres de Centroamérica, pero engendró a uno de los escritores más grandes de la narrativa española. Sí, Horacio Castellanos Moya se hizo novelista en la más absoluta de las soledades y aun así levantó una obra extraordinaria. Nadie le echó una mano, nadie lo guio en sus años de formación, nadie mostró interés por sus primeros textos. Pero la literatura se abrió igualmente camino en su interior.

Castellanos Moya se inició en eso de la escritura de un modo intuitivo, y de ahí que digamos que tuvo una suerte inmensa. Porque hoy, cuando le preguntan por su método de trabajo, responde que carece de uno. Las novelas brotan de sus entrañas como lo hacen los árboles que rompen el asfalto de las ciudades abandonadas: sin orden ni concierto, pero con una fuerza descomunal. Así pues, permite que lo que lleva dentro salga al exterior como le venga en gana y evita constreñir su nacimiento con horarios laborales, técnicas de trabajo o normas autoimpuestas. Simplemente deja que todo fluya y espera a que sea la historia la que le indique cómo quiere ser concebida.

LA ESCRITURA

Sí, Castellanos Moya cree que cada novela se expresa de un modo diferente dentro del escritor y que es la propia obra la que determina el modo en que saldrá a la luz. Las hay que reclaman una forma de escribir explosiva, negándose en redondo a ajustarse a un plan preestablecido, y también las hay que exigen un sistema de trabajo metódico, en el que uno no puede salirse del calendario fijado. Al primer grupo pertenecieron *Insensatez*, *El asco* (Random House, 2018) y *La diabla en el espejo* (Random House, 2020) —que, por cierto, también exigió ser escrita en calzoncillos y con una máquina Olivetti—, mientras que al segundo correspondieron *La sirvienta y el luchador* (Tusquets, 2011), *La diáspora* (Random House, 2018) y *Moronga* (Random House, 2018).

De igual modo, son las novelas las que determinan el instrumento con el que desean saltar a la realidad. Unas quieren materializarse mediante lápiz y papel, y otras requieren un ordenador portátil. Y aunque parezca que las primeras deberían corresponder a las del método de trabajo explosivo y las segundas al del sistemático, resulta que no es así, puesto que la combinatoria entre las cuatro opciones es tan libre que ni el propio autor sabe explicar por qué. De hecho, si se insiste en el interrogatorio sobre los motivos por los que unas se empeñan en venir al mundo así y otras asá, acaba respondiendo que eso habría que preguntárselo a las mismísimas novelas.

Con el plazo de tiempo ocurre exactamente lo mismo. En opinión del salvadoreño, asignar una duración a la redacción de un libro es tan absurdo como pretender adivinar la forma que adoptará un huevo después de lanzarlo contra la sartén. Él escribe cuando la vida se lo permite, sin más. Nunca combina un trabajo asalariado —profesor de universidad o periodista, principalmente— con la redacción de una novela porque, según dice, cuando una historia explota en su interior, demanda toda su atención. De manera que espera a acumular una cantidad de dinero suficiente como para aislarse del mundo durante una temporada y, cuando la ha conseguido, dice adiós, muy buenas al trabajo, se encierra en su casa y se lanza sobre el ordenador o la libreta. Si las circunstancias lo obligan a volver a buscar un empleo, aparca el manuscrito y no lo retoma hasta que no vuelve a disponer de un periodo libre de cualquier obligación.

Esta es la única norma que sigue Horacio Castellanos Moya: escribir únicamente cuando nada lo perturba. Todo lo demás, desde el horario hasta los instrumentos de trabajo, viene determinado por la voluntad de la propia obra, que no sólo emerge en su corazón de un modo argumental, sino también laboral. Es como si las musas trajeran, además de inspiración, un manual de instrucciones sobre el modo en que deben ser transcritos los susurros que traen al anochecer.

24 de marzo de 2021

Martín Caparrós

El método Leonard Woolf

Hace ahora quince años, durante un viaje en avión no recuerda en este momento adónde, Martín Caparrós descubrió el método que habría de cambiar su forma de trabajar. Estaba leyendo el *Financial Times* cuando tropezó con un reportaje sobre Leonard Woolf, escritor, editor y politólogo famoso no sólo por ser el marido de Virginia Woolf, sino también por su capacidad para asumir cargas de trabajo extraordinarias. De hecho, el texto hacía referencia a su enorme productividad y recordaba que el británico había explicado en alguna entrevista que, en realidad, no dedicaba demasiadas horas a los asuntos laborales, a lo sumo dos o tres al día, pero que lo hacía, eso sí, en un estado de concentración absoluta.

Para Martín Caparrós aquello fue una revelación. Llevaba media vida partiéndose el espinazo por sus libros y de repente descubría que había otra forma de escribir. El método Woolf le permitió empezar a concebir el oficio de un modo más relajado y, lo más importante, sin reducir las páginas creadas ni bajar la calidad de su contenido. Sólo hacía falta concentrarse un poco más, evitar las distracciones y aislarse de verdad. Desde entonces, no invierte toda la jornada en eso de escribir, sino que parte el día en dos: por las mañanas, mientras chupa la bombilla de su mate, repasa la prensa, responde a los correos, escribe sus artículos y, en general, hace las cosas que no requieren gran esfuerzo, y por las tardes, mientras sigue chupando una boquilla, pero ahora de su cachimba de tabaco, retoma durante un máximo de tres horas el manuscrito en el que anda metido.

Caparrós ha aprendido a reducir el tiempo ante el ordenador, pero eso no implica que pase el resto de la jornada retocando su bigote. Porque este hombre se hace trampas a sí mismo. Dice que sólo escribe tres horas al día, pero, como todos los adictos al trabajo, no desaprovecha ni un segundo de vida. Por ejemplo, cuando viaja por el mundo a la caza de material para sus crónicas, no toma notas ni apunta datos al tuntún, sino que, a medida que encuentra la información, la va convirtiendo en los párrafos que luego aparecerán íntegros en su no ficción. Es más, desde que descubrió que su teléfono móvil transcribe textos al dictado, casi no usa lápiz ni papel, ya que prefiere abrir la aplicación, soltar la parrafada y salir a la caza de una nueva observación. Por eso no resulta extraño encontrárselo en una esquina de Quito, de Ciudad de México o de Nueva York hablando a su teléfono móvil. Puede parecer un loco, pero es un autor escribiendo de viva voz.

Los avances del siglo XXI también facilitan la vida de escritor, y Caparrós aprovecha sus beneficios. Recita los párrafos que afloran en su mente a lo largo de la investigación y, cuando meses después regresa a casa, se sienta ante el ventanal bajo el que instaló su escritorio, observa la sierra madrileña que se abre en la distancia y, tras alimentar a los pájaros que dan saltitos en el alféizar, entra en la nube, descarga los textos dictados a lo largo de los últimos meses y los ordena en un documento de Word. Más eficaz, imposible.

Ahora bien, no debemos caer en el error de pensar que el argentino del bigote puntiagudo lo hace todo de un modo tecnológico. Porque después de ensamblar todo ese desparrame de textos, ha de convertirlos en literatura. Y también tiene trucos para eso, el más curioso de los cuales guarda relación con lo que podríamos llamar la métrica narrativa. Caparrós nunca ha publicado poesía, pero es perfectamente consciente de que algunas unidades sintácticas funcionan mejor que otras. Ha comprobado que, cuando una frase no fluye de un modo armónico, sólo hay que convertirla en un endecasílabo, en un alejandrino o incluso en un octosílabo para que, de pronto, adquiera una vibración. Repetimos: cuando una oración chirría, debemos contar el número de sílabas que la componen y, si el resultado es doce, basta con reducirlas a once, y chimpón. Caparrós cree en la palabra exacta, pero no sólo en lo tocante a su significado, sino también a su geolocalización. Es de este modo como, emulando a los maestros de la poesía, consigue que sus textos tengan la musicalidad o el ritmo que requieren. No me digan que no es un truco fantástico. Aunque, pensándolo bien, «No me digan que no es un truco fantástico» tiene, sinalefa mediante, trece sílabas, motivo por el cual probaremos con una de once: «Reconozcan que es un truco estupendo». ¿Les suena mejor? Pues eso.

9 de marzo de 2022

Héctor Abad Faciolince

Controlar las emociones

Héctor Abad Faciolince tiene un secreto que no ha revelado ni siquiera en sus diarios: la Ritalina. Se la recetó un psiquiatra para aumentar su capacidad de concentración y, desde que la toma, escribe así como poseído por el Diablo. Es el fármaco que administran a los niños con déficit de atención y cuenta la leyenda que el químico italiano Leandro Panizzon le puso ese nombre en honor a su esposa, que se llamaba Margarita y que quería jugar al tenis. Aquella mujer tenía la tensión baja y su marido se encerró en el laboratorio hasta que encontró la fórmula que habría de potenciar el revés de su señora. Veinte años después, durante la década de 1960, los estadounidenses descubrieron que el fármaco también aumentaba la atención de los niños y, como corría la época de la Guerra Fría y necesitaban que el talento saliera a flote, añadieron Ritalina al menú de las escuelas. Evidentemente, llegaron a la Luna antes que los rusos. Hoy se conoce a ese medicamento como «la droga de los matemáticos» y, bueno, a lo largo de su historia ha conseguido que Margarita ganara partidos de tenis, que Neil Armstrong diera aquel pequeño paso para el hombre pero gran salto para la etcétera, y que Héctor Abad Faciolince escriba novelas de primera.

Por supuesto, lo del consumo de Ritalina no es algo que el colombiano vaya contando por ahí y, cuando le preguntan por su método de trabajo, prefiere explicar que se levanta a las siete de la mañana y que media hora después ya está aporreando el teclado. En su despacho hay una ventana con la cortina siempre echada por-

LA ESCRITURA

que no quiere distraerse con el pasaje, y sólo se levanta de la mesa para comer una pieza de fruta y se vuelve a poner manos a la obra. Tiene un par de escritorios, uno al lado del otro, porque escribe dos libros a la vez, a poder ser de tonos muy distintos, normalmente uno oscuro y el otro más luminoso. Lo hace para que ninguna de las dos emociones —la tristeza y la alegría— se adueñen de su espíritu y, cuando percibe que el ánimo se decanta hacia alguno de los lados, cambia de documento y se queda tan ancho.

Faciolince no usa zapatos ni calcetines porque dice que le molestan. Prefiere trabajar con las sandalias Birkenstock puestas, y a veces ni siquiera eso. Vive en Medellín, un lugar en el que predominan los 20-24 grados, un calorcito que el autor considera «la temperatura del Paraíso» y que le anima a ir cada mañana a nadar un rato. A las doce del mediodía se pone los zapatos, coge la bolsa de la piscina y sale de casa en silencio. Durante el trayecto hasta el gimnasio lo acompañan Machado, Quevedo y Dante. Los vecinos lo ven caminando y no reparan en que está recitando poemas entre dientes. Lo hace porque lo relaja, porque los versos matan el aburrimiento, porque le permiten olvidar lo que está escribiendo. Y quién sabe si esos poemas imprimen también el ritmo de las brazadas que da en el agua.

El caso es que a la una ya vuelve a estar en casa, donde almuerza algo, se pega una siesta y vuelve al trabajo, aunque a partir de esa hora ya sólo dedica el tiempo a la traducción, al periodismo o a lo que haga falta. Las tardes son para asuntos «más burocráticos» o para leer un rato, y las noches para descansar. Porque Faciolince no quiere «encarretarse», que es como los colombianos llaman a la acción de obsesionarte tanto con una cosa que ni dormir puedes luego. Le gusta madrugar más que trasnochar y sabe que, si se pone a escribir después de cenar, no habrá fuerza capaz de meterlo en la cama.

Ya hemos dicho que Héctor Abad Faciolince consume la «droga de los matemáticos» y no hemos recuperado esa expresión sin motivo. En efecto, le obsesionan las ciencias exactas. Las menciona a menudo y no oculta que envidia a los científicos que, despúes de desarrollar un teorema o de solucionar una ecuación, se van a dormir con la seguridad del trabajo bien hecho. A los novelistas eso no les ocurre; nunca están seguros de la calidad de sus textos, no tienen forma de saber si han acertado en la elección del estilo, siempre queda la duda de haber tirado años de trabajo a la basura. En literatura no hay resultados exactos y ni siquiera sirve la opinión de los críticos. A Cervantes le dijeron que su *Quijote* no valía nada y a Shakespeare lo llamaron mediocre. ¿Cómo saber, entonces, que no estamos perdiendo el tiempo? ¿Cómo vivir con esa incertidumbre? ¿Cómo continuar adelante si ni siquiera podemos fiarnos de los aplausos?

El colombiano se atormenta tanto con estos dilemas que a veces cae en crisis. Le ocurrió entre 2008 y 2014, la época comprendida entre *El olvido que seremos* (Seix Barral, 2007) y *La Oculta* (Alfaguara, 2015), y todavía hoy se estremece al recordarlo. Estuvo bloqueado durante seis años y su desesperación llegó a tal punto que, en cierta ocasión, cuando viajó a Madrid para participar en un congreso de literatura, se quedó mirando las vías del metro. No pasó de ahí, pero no ha conseguido olvidar el momento. Por suerte, la inspiración volvió al cabo de un tiempo y sus novelas reaparecieron en las librerías. Contamos esto para justificar que Faciolince haya pasado en algún momento de su vida por el psiquiatra. Porque no queremos que dé la sensación de que se puede tomar Ritalina sin la supervisión de un experto. De hecho, daremos un consejo a los lectores de este artículo: si alguno está pensando en probar ese medicamento, más vale que recuerde que Cervantes era manco y no por eso los aspirantes a escritor andan por ahí cortándose el brazo.

30 de diciembre de 2020

Luis García Montero

La experiencia lectora acumulada

Luis García Montero no recuerda la primera vez que vio el mar, pero tiene grabado en la memoria hasta el último detalle del día en que su padre se sentó a su lado, abrió un libro y le leyó la *Canción del pirata* con una entonación que hoy, tantos años después, todavía puede oír cuando cierra los ojos y piensa precisamente en el mar. Desde entonces, Espronceda siempre ocupa un rincón en su equipaje, acaso junto a otros autores igual de importantes en su biografía literaria como, por ejemplo, el Arcipreste de Hita, Jorge Manrique o Rosalía de Castro, y otros asimismo más cercanos como Jaime Gil de Biedma o Joan Margarit.

La experiencia lectora acumulada a lo largo de los años sirve a este hombre para evitar los dos grandes peligros que acechan a los poetas: la cursilería y el patetismo. Son obstáculos por salvar a toda costa, en especial cuando se abordan aspectos fundamentales del ser humano —el amor, la muerte, el paso del tiempo…—, y la mejor forma de hacerlo pasa por invocar a los clásicos. Leerlos y memorizarlos y evocarlos hasta el punto de ser capaces de detectar su eco en los endecasílabos que aparecen en las conversaciones, en los octosílabos que se detectan en las canciones y hasta en los alejandrinos que los forofos entonan en los alirones. Porque el auténtico poeta, el que arrastra una maleta tan invisible como llena de libros, es el que lleva la métrica dentro. Que ya decía Federico García Lorca que hay que desconfiar de quienes cuentan sílabas con los dedos.

Luis García Montero ha interiorizado tanto la tradición literaria a la que se adscribe que compone sus poemas mientras friega los platos, viaja en tren o pasea por el barrio. Le ocurre lo mismo que a Jaime Gil de Biedma, quien en cierta ocasión reconoció que había terminado algunos de sus mejores versos durante reuniones de trabajo, a veces incluso mientras tenía el uso de la palabra. Al granadino le pasa algo parecido: mientras imparte una clase sobre, pongamos por caso, el teatro español del siglo XVIII, puede ocurrir que detecte una idea, un ritmo o una imagen en su propia disertación que le sirva para cerrar cierto poema al que todavía le faltaba esa vibración que convierte los versos en himnos.

Así escribe García Montero, sin encerrarse en un cuarto oscuro y sin alzar la mirada hacia el cielo, sino como un ciudadano corriente que rige sus pasos con el mismo criterio con el que vivió Antonio Machado: «A mi trabajo acudo, con mi dinero pago». De ahí que actualmente prefiera dirigir el Instituto Cervantes que ponerse la bufanda de bohemio, y de ahí también que escriba en los aviones, en los ministerios o en plena calle. De hecho, cuando hace esto último, observa la realidad de dos modos distintos: uno, buscando la trascendencia de las escenas coyunturales y, otro, encarnando sus propios problemas en situaciones corrientes.

De este modo construye sus piezas: pisando con los pies en el suelo y convirtiendo lo vulgar en poético. Y luego se sienta en una cafetería, saca esa libreta que siempre lleva encima y escribe el primer borrador de un texto. La pieza puede quedar después olvidada en el cuaderno, porque las prisas ya no persiguen a García Montero. Cuando era joven, sentía la urgencia de encontrar la voz propia, de asimilar la tradición, de publicar su trabajo. Pero ahora sólo se deja llevar por la paciencia. No quiere decir lo mismo de antes, no quiere repetir viejas fórmulas, no quiere ser el pesado de turno, motivo por el cual sólo recupera los versos anotados en la libreta cuando está realmente seguro de que ha encontrado algo nuevo. Puesto que, volviendo a Machado, no hay nada peor que un poeta que quiere salir a navegar cuando la marea no se ha renovado por completo.

Después pasa los poemas a ordenador y aprovecha la transcripción para hacer una primera corrección, a la que seguirá una segunda, una tercera y quién sabe cuántas. Y cuando haya revisado la pieza por arriba y por abajo, por detrás y por delante, por dentro y por fuera, la añadirá al poemario que está construyendo y que, antes incluso que al editor, dará a leer a algún amigo. No es sencilla la elección del lector cero, puesto que tiene que ser alguien que no sólo sepa de literatura, sino que no se moleste si después el autor desdeña sus consejos. Y eso, en un país en el que todo el mundo cree que su opinión es cierta, no es cosa fácil.

El último punto del proceso creativo de Luis García Montero consiste en releer las galeradas buscando palabras que se repitan de un modo encubierto. Porque ocurre que los poetas, aun siendo de un modo inconsciente, usan a veces un mismo término en poemas distintos, provocando con esto que el libro adquiera un significado, o si se prefiere una atmósfera, que en verdad nunca quisieron darle. Hay que tener mucho cuidado con esto. Pues, si empleas la palabra «mar» en varios poemas de un mismo libro, seguro que habrá un lector que creerá que has publicado un homenaje a la primera vez que pisaste una playa, cuando en verdad tú estabas hablando de tu padre.

8 de febrero de 2023

Fernando Aramburu

El escritor ordenado

Fernando Aramburu es el escritor más ordenado del panorama narrativo español. Todos los días de la semana, sábados y domingos incluidos, desayuna con su mujer a las siete de la mañana, coge la bicicleta y, acompañado de su perrita Luna, se dirige a un despacho que tiene alquilado a unos diez minutos pedaleando. A las ocho ya está delante del ordenador, rodeado de libros y en absoluto silencio, y se lanza a escribir de un modo tan precipitado que se diría que la novela no avanza gracias a su imaginación, sino a una voz que le dicta hasta los puntos y comas. Pero semejante ataque de inspiración sólo acontece durante la primera hora y media, porque después, sobre las nueve y media, su cuerpo se hace presente y necesita una manzana —o incluso una ducha— para conseguir cuarenta minutos extras de ocurrencias. Y, si aun así decaen las energías, pues un café bien cargado y vuelta al trabajo.

Sobre las once y cuarto, el bichón de pelo blanco que hasta ahora había permanecido tumbado a sus pies empieza a agitarse. Ha llegado la hora de sacar a Luna de paseo, si es que no es a la inversa, y durante cuarenta y cinco minutos ambos callejean por Hamburgo (Alemania) pensando o haciendo cada uno lo suyo. Cuando regresan al despacho, los dos se ponen a comer, ella del cuenco y él del túper, y después el escritor rellena un sudoku, se pega una siesta y, sobre la una y media, se sienta de nuevo ante la pantalla. No desfallece en este periodo hasta las tres, cuando empieza el telediario del canal internacional de RTVE y, al término

LA ESCRITURA

del informativo, retoma la redacción de su novela hasta las seis, momento en que su cerebro se desinfla como un globo y, bicicleta mediante, hombre y perro regresan a casa.

Aramburu se ha montado una vida monótona porque sabe que, sin disciplina, no hay quien escriba un libro. Así que repite la misma rutina de lunes a domingo y, para evitar la tentación de ensimismarse en la contemplación de las musarañas, se marca un objetivo diario de un mínimo de quinientas palabras. Por si eso fuera poco, también ha establecido un catálogo de recompensas que lo animan a trabajar sin descanso. Por ejemplo: un día cualquiera, mientras se dirige al despacho, decide que, si en el transcurso de la primera hora y media alcanza las doscientas palabras, se regalará quince minutos de monólogos humorísticos en internet. El vasco se premia a sí mismo cada vez que alcanza una meta autoimpuesta y, aunque reconoce que a veces se siente como una foca a la que su adiestrador lanza un pescado cada vez que repite un ejercicio, asegura que no ha encontrado un sistema mejor para conseguir aquello que se propuso.

Pero, ¡atención!, no terminan ahí sus rutinas. Porque también ha creado un método para recabar opiniones sobre sus textos. Hoy en día, tiene tres tipos de lectores a los que consulta antes de enviar el manuscrito a la editorial. El primero se llama Mendizábal y tiene la cabeza llena de pinchos. Se trata de un cactus diminuto que el autor puso hace ya algún tiempo sobre la mesa y que representa al lector a quien dirige todas y cada una de sus ficciones. Con Mendizábal va hablando a lo largo del día y, cuando la novela toma un derrotero inesperado, Aramburu lo mira fijamente y le pregunta: «Mendizábal, ¿qué te ha parecido este giro?». Y la cactácea, no se sabe muy bien de qué modo, le da su opinión al respecto.

El segundo lector cero es un profesor de San Sebastián a quien envía los capítulos a medida que los va escribiendo y de quien recibe comentarios, la mayoría estilísticos, que le ayudan a perfeccionar el texto. Y el tercero suele ser un experto —o varios— en el tema principal de la novela. Aramburu ofrece a esta persona un estipendio a cambio de analizar con detalle la historia y de indicarle no sólo los fallos documentales que detecte, sino también nuevos puntos de vista sobre el argumento. Este último individuo es seleccionado según un criterio muy abierto —puede ser desde un profesional del mismo oficio que tenga el protagonista hasta una persona que viva en el barrio donde transcurren los hechos, por poner dos ejemplos— y, quién sabe, tal vez un día de estos sea uno de nosotros quien reciba una llamada suya pidiendo ayuda con un manuscrito.

Estos son los tres lectores a quienes el escritor más ordenado de la literatura española acude antes de dar por cerrado un libro, pero, si me permiten la anécdota, les contaré que el día en que me reuní con él para hacerle la entrevista de la cual deriva este texto, apareció un cuarto lector del todo imprevisto. Estábamos sentados en la terraza de un bar sito frente a la librería +Bernat (Barcelona), donde él habría de presentar *Los vencejos* (Tusquets, 2021) esa misma tarde, cuando Enrique Vila-Matas hizo acto de presencia. El escritor del abrigo negro y las manos en los bolsillos se había acercado a la tienda para que su colega le dedicara su último libro, pero acabó sentándose en nuestra mesa y evocando algunos recuerdos de los que sólo contaré uno: en cierta ocasión, Vila-Matas envió a Aramburu un ejemplar en portugués de una de sus novelas, gesto al que el vasco correspondió mandándole al catalán una versión en eslovaco de otra de las suyas. Parece absurdo que dos escritores intercambien libros en idiomas que no les son propios, pero no lo es tanto si interpretamos dichos regalos como una muestra de aprecio que, además de afianzar una amistad, evita que ninguno de los dos se vea en la obligación de leer el libro del otro. Y tengo la sensación de que esta historia revela tantas cosas sobre el funcionamiento interno del mundillo literario en este primer tercio del siglo XXI que no he podido dejar de compartirla.

6 de abril de 2022

María Dueñas

Las técnicas de estructuración

María Dueñas escribe sus novelas con escuadra y cartabón. Aplica un método científico al proceso creativo y, aunque a algunos esto les parezca una herejía, lo cierto es que funciona. Así pues, si es usted uno de esos letraheridos que cree más en lo dionisiaco que en lo apolíneo, guarde un poco de silencio y ceda la palabra a quien sabe lo que dice. Porque ella vende como churros, mientras que usted, bueno, usted hace lo que puede.

Antes de convertirse en una de las escritoras más leídas de los últimos tiempos, enseñaba lingüística aplicada en la Universidad de Murcia. Impartía clases de diseño curricular, de programación de materiales, de estructuras de contenidos y, en definitiva, de un tipo de cosas que, para que nosotros lo entendamos, no son más que las herramientas que manejan los profesores cuando preparan el curso académico que está a punto de empezar. Veinte años pasó explicando a futuros profesores la forma más eficaz de estructurar la información que luego ellos enseñarían a sus propios alumnos, hasta que un día cayó en la cuenta de que todo aquello no servía únicamente para preparar clases, sino también para crear mundos de ficción. Entonces, todo cambió.

Decidió implementar la metodología de la lingüística aplicada en el terreno de la creación literaria y estableció unas pautas de trabajo que, por primera vez, no estaban pensadas para crear un programa académico, sino para escribir una novela. El resultado de aquel esfuerzo fue *El tiempo entre costuras* (Planeta, 2009): cinco millones de ejemplares vendidos, cuarenta idiomas y setenta ediciones. Queda claro, pues, que el experimento funcionó.

Desde entonces, cada vez que un nuevo argumento aflora en su cabeza, la murciana sigue a rajatabla el mismo proceso: primero, reflexiona durante un par de meses sobre la mejor forma de montar la historia; segundo, inicia el proceso de documentación; y tercero, se sienta ante el ordenador y se lanza a escribir.

La parte que más disfruta es la de la documentación. Dedica algo más de un mes a recopilar datos —artículos especializados, bibliografía descatalogada, material de hemeroteca, fotografías de época...— y almacena toda esa información en una carpeta digital bautizada como *Research*. Allí comparten espacio tanto las biografías de ciertos personajes históricos como los menús de los mejores restaurantes del periodo investigado, pasando por mapas de ciudades, ejemplares de revistas desaparecidas y, por añadir algo más, carteles de obras de teatro. Cuando cree que ya ha acumulado suficientes legajos, abre el procesador de textos y se pone a escribir teniendo las ideas —y la estructura— tan claras que es capaz de terminar un capítulo en apenas dos días.

Sí, María Dueñas es la escritora más metódica de cuantas merodean por el ecosistema literario español. De hecho, es tan metódica que incluso da siempre el mismo paseo. Cada día, a las ocho de la mañana, sale de casa y toma la misma ruta que ayer, que anteayer y que trasanteayer. No cambia nunca de recorrido porque es de esas personas que jamás abandonan aquello que funciona y, una hora después, cuando entra de nuevo en su domicilio, se sienta ante el ordenador, abre una libreta y se pone a trabajar. Lo primero que hace es ajustar las tuercas a los párrafos que quedaron sueltos durante la jornada anterior, sin desviarse ni un ápice del plan ideado.

Trabaja hasta las ocho de la tarde, haciendo las paradas lógicas en cualquier ser humano, y sólo se convierte en una mujer libre de imposiciones al anochecer, cuando descansa un poco y prepara su mente para encarar la siguiente jornada, la cual, como ya hemos explicado, será exactamente igual a la anterior.

LA ESCRITURA

Así es como escribe sus novelas: usando técnicas de lingüística aplicada, repitiendo rituales una y otra vez y no desperdiciando ni un sólo segundo. ¡Ah!, y también dejando que las musas canturreen a su alrededor, al menos un poquito. Porque, aunque en algún momento pueda haber parecido lo contrario, no estamos hablando de un robot, sino de una escritora que, por más métodos científicos que aplique al hecho creativo, no deja de ser alguien que sobre todo busca conmover.

16 de junio de 2021

Carlos Zanón

La sensación de abandono

Todo escritor sabe que existe una conspiración mundial para impedir que termine su novela. Cuando toma la decisión de encerrarse en su torre de marfil para rematar el libro en el que lleva uno, dos o hasta tres años trabajando, la sociedad se pone de acuerdo para impedir que lo consiga e inicia todo tipo de maniobras para interrumpir su labor: los amigos empiezan a telefonear con más frecuencia, los directores de periódicos le encargan artículos repentinamente bien remunerados, los familiares lo abroncan porque hace semanas que no los visita, los vecinos reforman la habitación contigua a su despacho, los organizadores de congresos literarios lo invitan a participar en actos; y así un sinfín de situaciones que, por más azarosas que parezcan, responden a un plan maquiavélico que sólo busca —y con perdón— joderle la vida.

Carlos Zanón luchó contra ese complot de todas las formas posibles, pero siempre fracasó. Alquiló un despacho en la otra punta de la ciudad, se hizo con un apartamento a las afueras en el que nunca instaló internet, se convirtió en madrugador para aprovechar las horas en las que todo el mundo duerme... Y, aun así, las interrupciones no cesaron. De hecho, aumentaron. Porque, como él mismo ha comprobado en sus propias carnes, cuantas más experiencias y recursos tiene un escritor, menos tiempo le dan para escribir.

Así y todo, tras años buscando una solución al problema de las interrupciones, encontró un método de trabajo que, ahora sí, le

LA ESCRITURA

permite aislarse del exterior: escribir en pijama. Se levanta a las seis de la mañana y no se pone ropa de calle hasta la hora de comer. Es más, si ha de salir para hacer un recado, se viste de un modo formal, abandona su domicilio y, cuando regresa media hora después, se vuelve a poner el pijama. Dice que esa prenda le provoca una sensación de abandono que excita su creatividad, que le proporciona la intimidad necesaria para el ejercicio de la profesión, que lo aleja mentalmente de esa sociedad que trajina más allá de su ventana. Y parece lógico. Porque, a fin de cuentas, sólo nos ponemos el pijama cuando sabemos que nadie nos ha de molestar.

Ahora bien, Zanón es consciente de que esta búsqueda desesperada de soledad puede convertir al escritor en un auténtico monstruo. Él mismo reconoce que, cuando un periodista lo telefonea a media mañana o cuando un ser querido reclama su atención, algo se rompe en su interior. Siempre responde a esos requerimientos con una sonrisa en los labios y no hay nadie en el sector que no alabe la amabilidad con la que trata a quien se le acerca. Pero, si nos fuera posible rasgar la piel de su pecho y escudriñar su interior, descubriríamos a un hombre que tiene un grito atrancado en la garganta y que daría lo que fuera por encerrarse en casa, echar el pestillo y dedicarse en exclusiva a aquello que mejor se le da: escribir. Y esta lucha entre la persona educada que atiende a todo el mundo y la persona huraña que nos mandaría al garete es la que hace que, en ocasiones, se sienta un monstruo.

Carlos Zanón llama «monstruo» a ese ser que habita el interior de todos los escritores y que les hace priorizar su obra por delante de cualquier otra consideración. La familia, los amigos, el dinero, la salud… Todos son asuntos secundarios cuando una novela se encuentra en ebullición y ninguno de ellos conseguirá jamás anteponerse a la obsesión que atrapa, estruja y hasta enferma al autor. Porque es precisamente esa ceguera la que hará que escriba un gran libro, aunque a veces eso implique un profundo deterioro de su personalidad. No hay ejemplo mejor de esto que el de Truman Capote, que ansió que ejecutaran a Richard Hickock y Perry Smith para, de ese modo, poder terminar su novela más famosa, *A sangre fría*. Es algo atroz, sí, pero comprensible desde el punto de vista de un escritor. Tan comprensible que da hasta asco.

11 de agosto de 2021

Lorenzo Silva

La literatura como recuerdo

Lorenzo Silva emplea tres, cuatro y hasta cinco años en pensar —no en escribir, ¡ojo!, sino en pensar— la novela que pretende construir. Y durante ese tiempo, además de entreverar los mimbres del argumento, se plantea sin cesar dos preguntas: *¿por qué?* y *¿para qué?* La primera, «por qué debo escribir esta historia», interpela directamente a su yo más íntimo, puesto que profundiza en los motivos que lo llevan a sentirse atraído por esa trama en concreto, pero al mismo tiempo concierne a los lectores, ya que indaga en las razones por las que ellos también habrán de disfrutarla.

La segunda pregunta, la de «para qué voy a escribir esta novela», no tiene una respuesta solemne del tipo «este libro contribuirá al perfeccionamiento moral de la sociedad» o «cambiará el modo en que concebimos un determinado aspecto de la realidad», sino otra mucho más mundana que de hecho acota el objetivo de ese ejercicio literario: provocar una emoción, plantear una paradoja o, simplemente, entretener al personal.

Así pues, tras experimentar el fogonazo que origina sus novelas, no se obsesiona ni con el cómo ni con el cuándo ni con el dónde, sino con el por qué y el para qué, y en vez de precipitar una respuesta que cierre con rapidez esos interrogantes y que le permita ponerse a trabajar de inmediato, lo que hace este madrileño afincado en un pueblo de Toledo es dar vueltas a las dos preguntas. Primero durante semanas, después durante meses y al final durante años, no sentándose a escribir la ficción correspondiente

—aunque sí otras, lógicamente— hasta que no tiene del todo claras las respuestas a ambos puntos y, también, hasta que no ha construido en su cabeza el esqueleto que sustentará la historia. En efecto, Lorenzo Silva es de esos autores que opinan que un narrador no debe empezar a teclear hasta que no se ha contado a sí mismo la historia que quiere escribir las suficientes veces como para que su cerebro crea que se trata de un recuerdo, no de una invención. Imaginen.

En su opinión, pensar la novela es tan importante como redactarla. Lo hace a lo largo de varios años y, aun así, se atasca en alguna que otra escena. Durante la redacción final, a veces le ocurre que no sabe hacia dónde tirar y, aunque la tentación siempre sea la de seguir adelante y ya veremos adónde llega la historia, prefiere apartar las manos del teclado, ponerse a pensar durante las horas o días que sean necesarios y retomar el trabajo únicamente cuando sepa qué le espera al final del camino.

Queda entonces claro que Lorenzo Silva sólo se sienta ante el ordenador cuando ya ha armado el esqueleto de su ficción en la cabeza y cuando lo único que resta es encajar los órganos, encarrilar las venas, verter los humores, enganchar los músculos y, al final, estirar la piel. Hace todo esto en invierno, en concreto de noviembre a febrero, época en la que se encierra en su casa y se pone por fin a escribir. Son cuatro meses intensos, se podría decir que obsesivos, durante los cuales sigue una disciplina más prusiana que el acero con el que se forjaban los sables de los húsares: levantarse a las seis, encender el ordenador a las siete, comer una pieza de fruta y beber una taza de café a las doce, seguir escribiendo hasta las dos, subirse a la elíptica, sentarse a comer y retomar la novela sobre las tres y media para no soltarla hasta las ocho, cuando no un poquito más tarde. Y así un día tras otro, sin distinción de laborales y festivos, durante aproximadamente los ciento veinte días en los que habrá de redactar una novela que, a tenor de sus últimos títulos, sobrepasará las trescientas páginas. Una tarea titánica que, eso sí, le deja ocho meses libres para pensar o, en general, para vivir.

¡Ah!, y una cosa más: este hombre no tiene ni manías ni feti-ches ni secretos dignos de mención, pero siempre da el mismo con-sejo cuando algún aspirante se acerca a hablar con él: olvídese del *cliffhanger*, del *plot twist* y de los demás anglicismos harto frecuentes en los cursillos baratos de guionista de televisión. Que la literatura es una cosa seria y basta ya de tratarla como a un producto de con-sumo sin ningún valor.

1 de noviembre de 2023

Marta Sanz

El sistema nervioso del artista

Preguntas a Marta Sanz por sus hábitos de trabajo y te responde que lo único importante en la vida de un escritor es el estilo que aplica a sus obras. Y le dices que sí, que vale, que eso es fundamental, pero que lo que a ti te interesa son sus horarios, sus manías y sus fetiches, y ella te mira a los ojos fijamente antes de añadir, erre que erre, dale que dale y terne que terne, que está de acuerdo con esa idea de Francis Bacon según la cual el estilo es el «sistema nervioso personal» del artista. Y entonces vas y le repites por tercera vez que el objeto de la entrevista son las costumbres laborales, y ella va y también te repite que el 75 por ciento de una novela es el estilo y que lo otro es esa cosa menor que algunos llaman argumento.

Se muestra tan firme en su negativa a hablar de lo que considera las mitomanías del oficio, a perpetuar esa imagen del escritor como ser cargado de extravagancias, a persistir en ese lugar común según el cual el trabajo de los literatos no es como el de los operarios de una fábrica, los dependientes de una tienda o los reponedores de un supermercado, tan rotunda en su deseo de esquivar esos tópicos, que acaba haciéndose evidente que esta mujer estima que su día a día es tan vulgar como el de cualquier otro trabajador. No quiere que los jóvenes se hagan una idea equivocada del oficio, ni que acaben convencidos de que esto de ser escritor consiste en vestir siempre de negro, ensayar una cara depresiva ante el espejo y recorrer todos los bares con mesas de mármol de la ciudad. Porque, en su opinión, si continuamos insistiendo en ese retrato del inte-

LA ESCRITURA

lectual bohemio y soñador, los aspirantes alcanzarán los cincuenta años y no habrán escrito ni una sola página digna de encuadernar.

De hecho, sólo al final de la charla, y seguramente por aquello de dar una alegría al entrevistador, explica que trabaja de nueve y media de la mañana a dos y media de la tarde y de cuatro y media a ocho y media de la tarde, y apuntilla que le gusta pensar que tiene el mismo horario que cualquier hijo de vecino que se gane el pan con el sudor de la frente. Y cuando a continuación añade que el único objeto digno de mención de cuantos adornan su escritorio es una escultura de Rosie, la remachadora firmada por Enrique Herrero, a un servidor le da por pensar que pocas cosas resumen mejor su idea del oficio que ese icono de la Segunda Guerra Mundial. Porque Marta Sanz, digámoslo ya, tiene una idea obrera de la literatura.

Ahora bien, mientras habla sobre la importancia del estilo literario en la vida de un escritor, desliza un comentario que, de alguna manera, también describe su rutina laboral. Dice que dedica tanto tiempo a pensar como a escribir, con lo que desmiente esa imagen que mucha gente tiene del autor como un individuo que se pasa el día aporreando el teclado de su ordenador. En su caso, cuando arranca un proyecto literario, lo primero que hace es reflexionar. Pero no sobre el argumento, los personajes o la estructura, sino sobre el campo semántico sobre el que quiere edificar la novela.

La madrileña cree que cada historia necesita un lenguaje diferente. Para ella, la literatura es una institución y la escritura un cauce de conocimiento que, como tal, tiene que evolucionar. Considera que repetir estilo literario es un aburrimiento y, cada vez que empieza un libro, lo primero que hace es buscar un camino todavía no explorado en el arte de narrar. Por ejemplo, *pequeñas mujeres rojas* (Anagrama, 2020) se caracteriza por lo que ella misma ha bautizado como «barroco rojo», algo así como un juego acumulativo de grupos sintácticos que obliga a leer el texto con lentitud.

El «barroco rojo» impide que el lector se deslice suavemente por esa especie de pista de patinaje que es el texto y contiene tantos excesos lingüísticos, tantas generosidades terminológicas y tantos alambiques semánticos que la superficie de hielo acaba siendo más abrupta que las sendas por las que resoplaba el pobre Rocinante. Si el lector no quiere tropezar, tiene que asumir la lentitud como método de lectura y aceptar que se encuentra ante una autora contraria a esa economía de palabras tan propia del capitalismo literario, a esa *intelijencia* juanramoniana tan habitual en la literatura comercial, a ese *mot juste* flaubertiano tan buscado por quienes no han comprendido que las ideas no surgen de las palabras, sino de las oraciones.

Marta Sanz dedica infinidad de horas a pensar la novela, no a escribirla, y así consigue algo tan difícil de lograr como fácil de desear: que el libro sea más inteligente que su autor. Y eso sólo se alcanza asumiendo que el único hábito realmente importante en la vida de un escritor es, por desgracia, el menos frecuente de cuantos solemos encontrar: pensar.

7 de abril de 2021

Santiago Posteguillo

Negarse a fracasar

Hete aquí el mejor consejo que puede darse a un aspirante a escritor: si fracasas, inténtalo de nuevo… pero no de la misma manera. Santiago Posteguillo leyó esta admonición en el manual de autoayuda creativa *Piensa como un artista*, de Will Gompertz (Taurus, 2015), y se tomó la advertencia tan a pecho que dio un volantazo a su forma de concebir la literatura. La frase de marras le hizo abandonar la dirección que había tomado hasta ese momento y lo encarriló por el camino que habría de llevarle a los primeros puestos de las listas de más vendidos. Así pues, el consejo de Gompertz le sirvió. Vaya que si le sirvió.

En su primera juventud, había comenzado varias novelas que nunca logró terminar. Empezaba las historias con relativa facilidad, pero a la hora de acabarlas, ¡uf!, a la hora de acabarlas se estancaba. Nunca sabía cómo afrontar el final de sus propias ficciones y, a medida que avanzaba por la trama, se iba desinflando como un neumático pinchado. Era un autor que siempre dejaba los proyectos a medias, pero que, en vez de tirar la toalla, volvía a la carga con un nuevo argumento. No fue hasta los veinte años que consiguió terminar su primer manuscrito, una novela negra en la que se narraba el intento de asesinato del príncipe de Asturias, hoy rey de España, por parte de la extrema derecha. Lo envió a las editoriales por correo; ninguna quiso publicarlo. Lo mismo ocurrió cuando, algún tiempo después, puso el punto final a una segunda ficción, esta vez de género erótico y con no pocas escenas de corte *sadomaso*.

APRENDE A ESCRIBIR

La presentó al premio Sonrisa Vertical y, bueno, resultó que aquello tampoco era lo suyo.

Por aquel entonces, Posteguillo ya se había matriculado en la facultad de Filología, carrera en la que le hicieron leer muchos libros, pero en la que no le enseñaron a escribir ni dos frases seguidas. Y, como aquello no era lo que buscaba, tomó la que probablemente fue la mejor decisión de su vida: solicitar una beca para matricularse en un curso de escritura creativa de una universidad estadounidense. Se la concedieron y, ahora sí, se volcó en los estudios. En aquel país le enseñaron de un modo sistemático las técnicas del oficio y al cabo de un tiempo regresó con la lección no sólo aprendida, sino también aprehendida.

Ahora bien, antes de ponerse a escribir como un poseso, quiso conseguir algo que, en este primer tercio del siglo XXI, cuando pocas opciones hay de llevar una vida auténticamente bohemia, le parecía imprescindible: una economía saneada. Se hizo profesor universitario e incluso aspiró a una cátedra en una institución distinta a la que hoy acoge sus clases de literatura inglesa. Se presentó al examen pertrechado con los mejores conocimientos y, cosas extrañas de por medio, suspendió la oposición. Que ya se sabe que, en este país, hay pocos sistemas más corruptos que el universitario. El caso es que la autoestima de Posteguillo, hasta la fecha inquebrantable, quedó gravemente afectada. Pero, en lugar de echarse a llorar por las esquinas, el hombre que hoy vende miles de ejemplares decidió escribir una nueva novela. Y esta vez lo haría aplicando las técnicas aprendidas en Estados Unidos y, si cabe más importante, siguiendo el consejo de Gompertz: nunca desistas, pero cambia de método.

Santiago Posteguillo reflexionó. Si hasta el momento había tenido dificultades para escribir los finales, qué mejor solución que probar suerte con la novela histórica. A fin de cuentas, el argumento de ese tipo de narraciones viene determinado por la historia y no por la imaginación, lo cual elimina de un plumazo el problema de tener que inventar desenlaces. Y, con este razonamiento sobre

LA ESCRITURA

la mesa, se puso a trabajar: primero se documentó de un modo exhaustivo sobre el general romano conocido como Escipión el Africano, y después cogió una cartulina tamaño A2 y trazó dos ejes de coordenadas: uno para los años que habría de abarcar la novela y otro con los elementos principales de la misma: héroe, antihéroe, otros personajes, acontecimientos históricos y algún que otro asunto más. De hecho, este esquema le resultó tan eficaz que, desde entonces, lo aplica siempre. Llena una cartulina con toda la información necesaria y, como ahora tiene un mapa preciso sobre el cual trabajar, ya ni siquiera se preocupa por empezar por el principio. Cada día escribe la escena que más le apetece y a continuación sólo tiene que ensamblarlas tal que si estuviera cosiendo una almazuela. Después relee el manuscrito con la intención de unificar el estilo y el tono, y de suprimir los errores de rácord. Y lo envía a la editorial.

Santiago Posteguillo es hoy uno de los escritores más importantes de nuestra novela histórica. Y sus libros se alzan sobre tres pilares: investigación rigurosa, admiración por el personaje elegido para la narración y remembranza de una frase que, en su opinión, puede enderezar la carrera de cualquier escritor: no cometas dos veces el mismo error, cambia de método si el primero no funcionó.

19 de octubre de 2022

Emilio Lara

La voluntad de hacer feliz

Se habla poco de la importancia que tienen las parejas en la vida laboral de los/as escritores/as. Bueno, sí se habla, pero casi siempre para trazar un retrato negativo, por condescendiente, de quienes apoyan desinteresadamente a la persona amada. Es como si la gente hubiera olvidado qué es el amor. Y el amor es, por si necesitan ustedes que se lo recuerden, la voluntad inquebrantable de propiciar la felicidad de quien duerme a tu lado. Nada más que eso; tampoco nada menos.

Emilio Lara tenía treinta y seis años y ninguna novela publicada. Trabajaba por las mañanas como profesor de instituto, por las tardes como preparador de oposiciones y por las noches, ¡ay!, por las noches se acostaba lamentando la renuncia a su sueño de juventud, que no era otro que el de dedicarse íntegramente a la literatura. Leía apesadumbrado los suplementos culturales e imaginaba su nombre en negrita, hablaba con sus amigos ya convertidos en narradores y disimulaba la envidia que sus libros le provocaban, entraba en las librerías y hojeaba las novedades, consciente de que él podría hacerlo mejor que muchos de esos juntaletras.

Su pluriempleo llenaba la nevera, de acuerdo, pero también vaciaba el alma. Así que un día le dijo a su mujer que tenían que hablar y ambos se sentaron a la mesa. Emilio se secó las manos en las perneras, se limpió las gafas con la punta de la camisa y miró a su esposa a los ojos. Fue entonces cuando le soltó que lo que él quería, lo que quería por encima de cualquier cosa en el mundo, por encima incluso de tener la nevera repleta, era profesionalizarse como escritor. Y luego añadió que, para conseguir su objetivo, habría de renunciar a uno de los trabajos, en concreto al de preparador de oposiciones, con el impacto que eso tendría en la economía familiar. Pero todo esto, añadió, sólo lo haré si estás a mi lado.

Su mujer agachó la cabeza y prolongó un silencio. Durante aquellos segundos, quizá imaginó los cambios que esa decisión traería a sus vidas, puede que también sopesara las posibilidades de su esposo para hacerse realmente un hueco en un mundo tan etéreo como es el de la literatura, incluso es probable que meditara sobre el modo en que su marido se iría apagando si no materializaba sus aspiraciones. Y al final levantó la barbilla, cerró los puños y dijo que sí, que adelante, que estoy contigo en esto.

Emilio Lara tardó casi una década en alcanzar su objetivo. Pero, desde el mismo día en que obtuvo el visto bueno de su pareja, se volcó en el estudio del arte de narrar. Ya en aquel entonces era un hombre concienzudo, uno de esos que saben que importa más el esfuerzo que el talento, que con vocación y tiempo se sobrepasa cualquier meta, que más vale morir habiendo intentado algo que abandonar el mundo sabiendo que fuimos cobardes. Nueve años después, a los cuarenta y cinco, publicó su primera ficción, *La cofradía de la Armada Invencible* (Edhasa, 2016), y uno más tarde la segunda, *El relojero de la Puerta del Sol* (Edhasa, 2017), por la que obtuvo el Premio Andalucía de la Crítica y con la que al fin se sintió un escritor de verdad. Porque, antes de que eso ocurriera, se consideraba un profesor que escribía; después, un escritor que impartía clases. Y tengan ustedes presente que el orden de las subordinadas aquí sí altera el producto. Por supuesto que lo altera.

Emilio Lara se queja de que los autores no acostumbran a hablar del tremendo esfuerzo que implica convertirse en escritor. No del que conlleva construir una novela, que también, sino de los sacrificios psicológicos, económicos y matrimoniales que hay que hacer para profesionalizarse. Un esfuerzo que afecta tanto a uno como a otro dentro de la pareja. Un esfuerzo, por tanto, que realizan y padecen dos. En este caso, fue una mujer la que apoyó a un escritor, pero podría haber sido un hombre el que respaldara a una autora, o cualquier otra combinación. Que los tiempos han cambiado y gracias a Dios.

19 de abril de 2023

Ricardo Menéndez Salmón

El método Graham Greene

Los escritores no mantienen el mismo método de trabajo durante toda su vida. Pasan por diferentes fases y, si hoy te dicen que invierten ocho horas al día en eso de narrar, mañana pueden asegurarte que sólo dedican media tarde al oficio. Cambian de estrategia como quien cambia de chaqueta y hasta los hay que inventan milongas para hacerse los laboriosos. De hecho, ya voy teniendo ganas de que un autor me garantice que trabaja de sol a sol y de que, acto seguido, resuene la carcajada de su pareja por toda la casa.

Pero lo que resulta innegable es que los escritores alteran sus rutinas según el momento vital en el que se encuentran. Y esto resulta tan interesante que convendría que la crítica especializada tomara en consideración la metodología laboral a la hora de valorar las obras. Es decir, que no sólo evaluara la transformación del estilo, la evolución en la temática o los cambios en la estructura, sino también las mañas con las que cada texto fue escrito. Es una idea, ahí la dejo.

Un buen ejemplo de esto lo constituye Ricardo Menéndez Salmón, que, mientras los demás dividimos la historia entre antes y después de Cristo, él parte su obra entre antes y después de *El Sistema* (Seix Barral, 2016), distopía que lo hizo merecedor del Premio Biblioteca Breve 2016 y que cambió su método de trabajo para siempre.

Antes de concebir aquella ficción escribía a salto de mata, cuando el azar le permitía hacerlo, cuando sentía la urgencia del hecho físico de sentarse a la mesa, en definitiva, cuando la vida le regalaba un rato libre de otras ocupaciones. Pero entonces consiguió una beca, la Internationales Künstlerhaus Villa Concordia, que le aseguraba un alojamiento en Bamberg (Baviera) durante un año y que implicaba una mensualidad de mil quinientos euros. Su forma de trabajar sufrió un vuelco. De hecho, aquello fue paradójico: cuando al fin disponía de todo el tiempo del mundo para escribir, empezó a hacerlo menos. Porque fue durante aquella estancia en Alemania cuando adoptó el «método Graham Greene».

Graham Greene tenía una norma que seguía a rajatabla: nunca escribir más de quinientas palabras al día. Pero, ojo, tampoco menos. Se mantuvo fiel a ella durante veinte años, de lunes a viernes sin excepción alguna, ni siquiera faltaba a su cita con el folio en blanco cuando andaba metido en líos de faldas. Esa era su estrategia: invertir tan poco tiempo en la escritura que siempre hubiera un hueco en la agenda para cumplir con dicho cometido. Porque, oigan ustedes, si alguien no es capaz de robarle una hora al día, mejor que abandone sus pretensiones de ser novelista.

Tan exigente era Graham Greene con su cupo de quinientas palabras que, tras un rato aporreando las teclas de su máquina de escribir, se ponía a contarlas y, cuando descubría que ya había alcanzado la cifra deseada, hacía crujir sus dedos, se levantaba y buscaba otra cosa con la que llenar la jornada. No le importaba abandonar una escena en el momento cumbre, ni dejar a un personaje con la palabra en la boca, ni tampoco interrumpir el trabajo cuando apenas quedaban dos líneas para terminar el capítulo. Y no le importaba nada de eso porque era consciente de que lo único relevante en su oficio es la disciplina. De hecho, sólo cambió el método en la década de 1970, cuando ya se sentía mayor y bajó el cupo hasta las trescientas palabras. De esa manera tan pausada fue como escribió treinta novelas, cinco antologías de cuentos, cuatro volúmenes de biografía y algún que otro poemario, libro infantil y obra de teatro. Que no es poco.

LA ESCRITURA

Ricardo Menéndez Salmón adoptó el sistema del espía británico durante su estancia en Baviera y, desde entonces, no lo ha abandonado. Se limita a trabajar un par de horas por las mañanas, lo cual le asegura un mínimo de mil quinientas palabras a la semana, y así nunca se aleja del proyecto que tiene entre manos. Porque, en su opinión, el mayor problema del proceso creativo es la detención, es decir, el estancamiento en el que cae la productividad cuando aparece un periodo en el que las circunstancias vitales impiden seguir escribiendo y tras el que los autores descubren que ya no pueden retomar la historia porque se ha producido una desconexión con ella. El cordón umbilical que los unía a sus manuscritos se ha roto y resulta difícil, cuando no imposible, volver a ensamblarlo. Para evitar este alejamiento, nada tan sencillo como escribir a diario. Aunque sea tan sólo un párrafo, incluso unas líneas. Porque las novelas, queridos lectores, son como las parejas: si no les demuestras tu amor con frecuencia, acaban cogiendo la puerta y diciendo adiós, muy buenas.

5 de mayo de 2021

Eduardo Halfon

Vencer la desidia

Eduardo Halfon no es de esos autores que se abalanzan sobre el teclado tan pronto como suena el despertador. Antes al contrario, sigue un ritual matutino que se prolonga tres horas y que podríamos considerar el precalentamiento a la actividad creativa que después despliega. La rutina es la siguiente: primero, despertar a las seis y media; segundo, desayunar con la familia y acompañarla hasta la puerta; tercero, aprovechar que todavía no se ha quitado el pijama para regresar a la cama; cuarto, coger un libro de la mesilla y leer un par de horas; y quinto, dejarse vencer por el sueño y echar una cabezadita. Este último punto no existía hace cinco años, pero a todos nos llega la edad en la que los libros ganan peso, las letras pierden nitidez y los párpados se debilitan. La siesta posdesayuno inventada por Halfon apenas se prolonga diez o quince minutos, un pestañazo de gran brevedad que, sin embargo, aporta al escritor la suficiente energía como para abrir de repente los ojos, pegar un brinco y ponerse a trabajar de inmediato. Así que, pensándolo bien, Eduardo Halfon sí que es de esos autores que se abalanzan sobre el teclado tan pronto despiertan… pero de su segundo sueño.

Podría parecer que un ritual de tres horas no es otra cosa que una excusa para retrasar el inevitable momento de sentarse frente al ordenador, pero lo cierto es que se trata de un método precisamente pensado para vencer a la desidia. Porque, ¡oh, sorpresa!, a los escritores también les aburre escribir. La pereza se apodera de

LA ESCRITURA

ellos con la misma intensidad que de cualquier ser humano, y la
única forma que algunos tienen de superar las ganas de hacer cualquier otra cosa que no sea encerrarse en una habitación, releer por
decimoquinta vez el mismo párrafo y echar alguna que otra parti-
da al solitario, la única forma de superar eso, decimos, pasa por
encontrar una rutina que les devuelva el entusiasmo con el que,
hace ya muchos años, escribieron su primer libro. El fuelle que aviva
las llamas del guatemalteco es el protocolo antes resumido: levantarse, desayunar, volver a acostarse, leer un poco y quedarse dormido. Estos cinco pasos convierten las mañanas en algo maravillo-
so y, en consecuencia, ponerse a trabajar a continuación no resulta
tan duro.

Con todo, no crean que Eduardo Halfon pasa el resto de la
jornada enganchado a la pantalla. La experiencia le ha demostrado
que la parte creativa de su cerebro sólo funciona dos o tres horas
seguidas, y ese es el tiempo que dedica a la cosa artística. De manera que estamos ante un autor que empieza a escribir a las nueve y media de la mañana y que lo deja a las once o doce y media,
quedándole el resto del día libre para impartir clases, disfrutar de la
familia o recorrer las calles de la ciudad en la que en ese momento
viva. En los últimos cinco años, se ha mudado cinco veces —Ne-
braska, Iowa, París, sur de Francia y Berlín— y sólo ha regresado a
Guatemala en un par de ocasiones. Allí tiene un apartamento en el
que descansa una biblioteca que permanece intacta desde 2007.
Nadie ha añadido un sólo libro a sus anaqueles desde hace dieciséis
años, por lo que podemos decir que los ejemplares que la componen son los que lo convirtieron en el gran escritor que es hoy en
día. Porque, antes de lanzarse a conocer mundo, este hombre leyó
como un poseso. Compraba los grandes clásicos de la literatura
universal y contemporánea, y anotaba en los márgenes las técnicas
narrativas que detectaba en los maestros. Así fue como, estudiando
al detalle la obra de otros y tomándose la lectura como ejercicio de
aprendizaje, consiguió crear su propio método de trabajo, el cual,
podríamos decir, se divide en tres fases: la primera es la etapa es-

pontánea, en la que se lanza a escribir sin saber adónde se dirige, añadiendo frases, párrafos y capítulos un poco a lo loco, avanzando a ciegas con la única intención de encontrar, como de repente, el quid del relato.

La segunda fase es la etapa ingeniera, que consiste en reordenar, reformular y corregir el texto escrito a vuelapluma. Y es en esta parte en la que Halfon, que es guatemalteco, pero también estadounidense —además de un poco polaco y un poco judío y un poco árabe—, aprovecha su bilingüismo para abrir las puertas que encuentra cerradas en el camino. Cuando tropieza con una frase enmarañada, cuando no localiza la palabra justa o cuando el texto no suena como debiera, cambia de idioma y traduce el fragmento al inglés. Y es leyendo esa misma escena desde la perspectiva de otro idioma como forja la llave que le permite seguir adelante en castellano.

En cuanto a la tercera fase, bueno, basta decir que es el momento en que el relato se transforma en un artefacto hermoso. Halfon es de la opinión de que hay que buscar las metáforas al final del proceso creativo, cuando la novela ya está terminada y es incluso posible mandarla a imprenta. Porque es en ese momento, con el cerebro al fin libre de cargas y sin tener que pensar ni en la estructura ni en la voz ni en el estilo, cuando conviene leer el manuscrito de nuevo dejando que la mente se divierta un poco. Es decir, dejando que la belleza se haga presente.

Así pues, si quieren ustedes escribir como Eduardo Halfon, ya saben lo que tienen que hacer: echarse una siesta después de desayunar, hacerse bilingües y asumir que sólo elevaremos el texto cuando ya lo hayamos dado por concluido. Antes, todo será pico y pala.

14 de junio de 2023

Mariana Enriquez

Abandonar la juventud

No hay escritor que no haya librado alguna vez una batalla con el periodismo. Las dos profesiones se solapan constantemente y no es inusual que quien practica la una sienta la otra como un estorbo. El literato considera que el reporterismo le roba tiempo y el plumilla piensa que la literatura hace lo mismo pero con el dinero. Y así pasan los años para muchos letraheridos, tratando de repartir los minutos entre ambos oficios y buscando un equilibrio que, en la mayoría de los casos, sólo llega cuando uno se instala en ese lugar en el que los relojes tan sólo son un adorno: el cementerio.

Cuando era más joven, Mariana Enriquez vivía sumida en ese conflicto. Un día se levantaba ejerciendo de periodista y al siguiente se encerraba en su estudio para sentirse escritora. En muchas ocasiones desayunaba como reseñista, comía como narradora, merendaba como entrevistadora y cenaba como cuentista, quedando para la noche la única profesión que pueden ejercer quienes se pasan el día dándole al coco: la de juerguista. Y en este revoltijo de actividades vivía la argentina hasta que dijo basta y se puso a ordenar su vida.

La historia de la literatura está llena de novelistas que destacaron en sus años de juventud y que luego desaparecieron como el viento. Parecían llamados a convertirse en los grandes escritores del mañana, pero se quedaron en grandes decepciones del presente y, entre las muchas razones que se pueden señalar para explicar esa caída en desgracia, sin duda se encuentra la del salto a la vida adulta. Porque a muchos autores, por no decir a casi todos, se les agota la energía tan pronto como ingresan en la madurez. Y eso ocurre, o al menos así lo cree la argentina, porque no saben convertir el caos creativo en un orden que atraiga igualmente a las musas.

Es evidente que no tenemos el mismo empuje cuando somos jóvenes que cuando asoman las canas. Se dio cuenta de esto cuando todavía estaba a tiempo y lo primero que hizo al notar que la mocedad se escapaba fue adaptar sus horarios a las exigencias del cuerpo. Reparó en que ya no rendía lo mismo que cuando trabajaba a destajo y estableció un horario para la literatura y otro para el periodismo.

Es cierto que añora los años del caos porque siente que era más creativa en aquel entonces, pero ha aceptado que la vida tiene sus normas y que una de ellas es la disciplina. Ahora sólo escribe narrativa durante cuatro horas al día y siempre por las mañanas. Lo hace de un modo estricto, evitando cualquier distracción, sin salir de su estudio ni siquiera para servirse un vaso de agua. Es una escritora de clausura a tiempo parcial, pero saca tanto partido a esa costumbre que ahora publica con más frecuencia que antes.

Y así es como se ha convertido en una autora de prestigio: dejando atrás el caos de la juventud, adaptando los horarios laborales a las exigencias de su cuerpo y limitando el periodismo a los ratos muertos. Porque hay otro detalle que conviene saber: Mariana Enriquez ha renunciado al columnismo. Ha llegado a la conclusión de que las redes sociales han vencido al periodismo de opinión y de que es en esas plataformas donde, entre la morralla y los insultos, brillan reflexiones de hondo calado. Esto la ha llevado a distanciarse de un tipo de periodismo que ejerció durante muchos años, para regresar a las raíces del oficio: la entrevista, la reseña, el perfil… Es decir, ha retomado un reporterismo que presta más atención a la labor de los otros que a la de uno mismo, lo cual la ha liberado de un ejercicio mental que le restaba demasiada energía. Porque hay una verdad que todos sabemos: quienes tienen que ser ingeniosos en sus columnas semanales o diarias acaban por perder ingenio en sus propias novelas. Y esto es algo palpable cuando se comparan las obras de ciertos autores antes y después de devenir tertulianos televisivos, opinadores radiofónicos o, simplemente, columnistas de prensa tradicional.

Así pues, adapten sus horas de trabajo a la edad que tienen y verán como la falta de saturación los hará más productivos.

19 de mayo de 2021

Espido Freire

Negarse a sufrir

Hace ya algunos años, cuando Espido Freire soñaba con publicar su primera novela, los suplementos culturales venían repletos de entrevistas a escritores que asociaban su oficio al sufrimiento. Hablaban del complicadísimo arte de narrar y lo vinculaban a un desconsuelo tan intenso que los lectores no podían más que suponer que eso de escribir debía de ser peor que bajar a la mina. Además, muchos de esos literatos se jactaban de las manías que habían generado con el paso del tiempo y explicaban orgullosos los rituales que seguían a la hora de invocar la inspiración: que si García Márquez necesitaba una rosa amarilla sobre el escritorio, que si Isabel Allende terminaba la jornada laboral cuando se consumía la vela que encendía al ponerse a trabajar, que si Pablo Neruda sólo escribía con bolígrafos de tinta verde…

Pero a Espido Freire no le ocurría nada de eso. Sentía que enfrentarse a la hoja en blanco era una experiencia gozosa y no veía la tortura por ninguna parte. Además, le extrañaba que sus ídolos fueran tan neuróticos y no entendía que necesitaran semejante parafernalia para hacer algo tan sencillo como sentarse a la mesa y ponerse a teclear. Acababa de abandonar la música por falta de vocación y, tras años soportando a los cantantes, estaba más que curtida en todo lo concerniente al egocentrismo de los artistas, motivo por el cual llegó un momento en que, cuando leía que un escritor necesitaba ponerse los calzoncillos al revés o hacer el pino puente bajo un árbol antes de comenzar a trabajar, soltaba una carcajada.

LA ESCRITURA

Además, tras leer cientos de entrevistas, elaboró una teoría que, de tan simple, seguro que contiene una verdad: sólo tienen manías quienes pueden permitírselo. Es decir, los ricos y los hombres. En su opinión, quien carece de dinero no compra rosas o velas cada mañana, y quien debe ocuparse del cuidado de los niños, del mantenimiento de la casa y de la compra semanal no desaprovecha el tiempo libre con chorradas como ésas. Y, si me permiten la interrupción, les diré que, tras años entrevistando a escritores para conocer sus hábitos de trabajo, no puedo más que suscribir las palabras de la bilbaína.

Así pues, a la hora de escribir, Espido Freire no tiene ni manías ni rituales ni comportamientos neuróticos. Y si carece de esas cosas es porque, además de no disponer de tiempo para perderlo con pamplinas, sus tres gatas tampoco se lo permitirían. Ellas reclaman hasta el último segundo de su dueña y, cuando la ven tumbarse en la *chaise longue* donde le gusta trabajar, se ponen manos a la obra: Ofelia le golpea la mano con la patita para que la acaricie, Rusia camina por encima del teclado como si quisiera participar en la redacción y Lady Macbeth observa la pantalla como si fuera una crítica literaria. Y ya me dirán ustedes qué otros rituales puede una querer cuando tiene a tres michinas como éstas rondando a su alrededor.

Poca cosa más se puede decir de una escritora que se define a sí misma como una mujer tan práctica que rechaza cualquier tipo de distracción y que, por no necesitar, no necesita ni una habitación propia. Tiene un despacho, por supuesto, pero asegura que le basta el portátil para ponerse a trabajar en cualquier sitio. De hecho, ni siquiera precisa libros a su alrededor. Ha liquidado su biblioteca personal en más de una ocasión y se ha quedado únicamente con los ejemplares que la acompañaron durante la infancia y con las obras completas de Shakespeare y Cervantes, que son sus autores de cabecera. Todos los demás volúmenes, incluidos los de los grandes clásicos, han salido de su casa con la misma facilidad con la que entraron y, cuando alguien le recrimina que se haya deshecho más de tres veces de *Crimen y castigo*, se encoje de hombros y responde que, cuando necesite releerlo, bajará a la librería de su barrio y lo comprará de nuevo. Porque ésa, añade, es su auténtica biblioteca.

De manera que, si quieren ustedes aprender algo de Espido Freire, quédense con esta idea: menos tonterías y más escribir. Porque, como dice ella misma, cuanto más rigor pone un autor en su trabajo, menos necesidad tiene de demostrar que es una persona especial.

10 de marzo de 2021

Sara Mesa

El espacio donde creamos

Sara Mesa ha instalado su escritorio en el lugar exacto donde antes estaba el retrete. Y eso da para tantas metáforas, chascarrillos e incluso parábolas que, como ustedes comprenderán, no vamos a hacer ninguno. Que aquí somos muy elegantes y no consideramos pertinente reflexionar sobre las distintas formas de crear que tiene el cuerpo humano.

Lo que sí que explicaremos es el origen de tan curiosa coincidencia: hace ya algunos años, la escritora abandonó Sevilla para instalarse a las afueras. Una agencia inmobiliaria le enseñó una casa de pueblo sita en una pedanía y, cuando el comercial abrió la puerta del cuarto de baño, supo que allí montaría su despacho. Era una estancia amplia, en cierta medida aislada, potencialmente luminosa; el lugar perfecto para alguien que aspiraba a su primera habitación propia. Así que la autora de *Cicatriz* (Anagrama, 2015), *Cara de pan* (Anagrama, 2018) y *Un amor* (Anagrama, 2020) se deshizo de la bañera, del bidé, de la pica y, sobre todo, de ese váter lleno de roña, y donde antes había una taza instaló un escritorio en el que, además del ordenador y demás útiles del oficio, colocó un puñado de muñecos.

Sara Mesa tiene *horror vacui* y necesita estar rodeada de juguetes: marionetas, figuritas, peleles… Los compra en sus viajes al extranjero, en sus visitas a los mercadillos, en sus paseos por la ciudad, y aunque reconoce que hay algo de infantil en semejante afición, también confiesa que no sabría trabajar sin esos ojos de mentira que la observan en silencio. Pero ese *horror vacui* se manifiesta de otros muchos modos, como, por ejemplo, en el procesador de textos: escribe con un cuerpo de letra once e interlineado simple. Aprieta tanto las letras porque, según dice, hay algo espacial en su proceso de creación literaria, algo que la incita a atiborrar la pantalla de palabras, algo orgánico en la forma en que las líneas van devorando la blancura del folio. Y esta densidad física del texto le resulta tan importante que, aun siendo miope, compone sus manuscritos con la letra bien chica.

Pero no sólo reformó el cuarto de baño, también modificó su horario de trabajo. Antes de abandonarlo todo para dedicarse en exclusiva a la literatura, es decir, cuando todavía trabajaba como profesora de secundaria y residía en la capital andaluza, escribía cuando el cuerpo se lo pedía —que, si me lo permiten, es el mismo motivo por el que los mortales levantamos la tapa del váter—, pero ahora que dispone de todo el día, ha asumido que no hay nada tan saludable —y productivo— como la disciplina. Hace años consideraba que escribir a diario era propio de personas con mentalidad funcionarial, de gente sin ningún tipo de espíritu creativo, de artesanos que anteponen la constancia al talento, pero la disponibilidad de tiempo y, sobre todo, la obligatoriedad de gestionarlo, le han hecho entender que es más útil crear una rutina que esperar la visita de no se sabe qué musa. Porque la escritura, dice que ha descubierto, es un ser vivo con autonomía, uno que ahora parece dormido pero que de pronto da un brinco, uno que suelta un chorro de luz cuando todo estaba ya oscuro. Los fogonazos son como las estrellas fugaces: sólo se ven cuando se observa con persistencia el firmamento.

Ahora bien, tampoco es amiga de escribir todo el día. De hecho, no acaba de creerse a los colegas que aseguran que trabajan de ocho de la mañana a ocho de la noche, y cada vez que lee una declaración de ese estilo, se plantea la misma pregunta: «Y esta gente, ¿cuándo hace la comida?». Porque preparar la comida no sólo es encender los fogones, sino también ir al mercado, recorrer los puestos, regresar a casa con la bolsa llena, distribuir los productos por la alacena, poner y quitar la mesa, lavar los platos y, ya de paso, sacar al perro, hacer la colada, fregar el suelo, tender la ropa y tantas otras cosas que no especificamos aquí por falta de espacio. Hay que hacer todas esas tareas para poner una casa en orden y, cuando ella se pregunta cómo lo harán sus compañeros para meterle tantas horas a eso de la escritura, siempre llega a la misma conclusión: o son hombres o son ricos. Puede que incluso las dos cosas juntas.

Así pues, ella se sienta a escribir cuando las otras faenas se lo permiten y, aunque lo hace en un antiguo cuarto de baño, rodeada de juguetes y comprimiendo al máximo el texto, lo cierto es que se ha ganado a la crítica con un estilo minimalista. Justo lo contrario al modo en que parece que dirige su vida. Pero, ya se sabe, todo es extraño en este oficio. Tan extraño que incluso se pueden construir frases hermosas en el mismo lugar donde antes se sentaba uno para hacer algo que nada tiene de bonito.

8 de septiembre de 2021

Paula Bonet

Escribir es una forma de pintar

Dicen los que saben de estas cosas que, allá en un pasado muy remoto, puede que incluso tan remoto como la mismísima noche de los tiempos, un hombre reparó en que había huellas en la orilla de una charca. Comprendió aquel antepasado común que todas y cada una de esas pisadas correspondían a un animal distinto —las pequeñas al pájaro, las medianas al zorro, las grandes a alguna bestia que tal vez hoy ya no exista— y se le ocurrió a continuación que los sonidos que los humanos emitimos también podrían tener una huella que los representara. Fue así como nació la escritura, a partir de las marcas que los animales dejaban en el barro, y desde entonces los mortales hemos garabateado tantas palabras como estrellas hay en el universo más profundo, sin por ello olvidar jamás que, cada vez que trazamos una letra sobre el papel, estamos reproduciendo el saltito que dio un pájaro sobre el lodo de una ciénaga. Así pues, no estamos realmente escribiendo, sino recreando la realidad. O, lo que es lo mismo, pintando.

Paula Bonet tiene muy claro que escribir es una forma de pintar. De ahí que no diferencie entre las dos disciplinas que viene practicando casi desde el inicio de su carrera. En los «libros ilustrados» con los que irrumpió en el mundillo editorial, unos textos breves acompañaban a las pinturas y grabados que se reproducían en sus páginas, pero hoy el matrimonio entre lo plástico y lo gráfico ha llegado a tal extremo que, para entender en toda su magnitud alguna de sus exposiciones, es preciso abrir sus libros. Echen un ojo, por ejemplo, a *La anguila* (Anagrama, 2021), un proyecto que combina las imágenes de los lienzos con las palabras de la novela.

Bonet sabe que su argumento de autoridad, aquello por lo que la gente se acerca a su trabajo, es la pintura, pero considera que su obra no puede ser aprehendida sin las narraciones que la acompañan. Es más, reconoce que la literatura ha mejorado sus cuadros y que, desde que escribe, sus representaciones pictóricas han adquirido una nueva dimensión, se han llenado de significados, han ganado más de una connotación. Incluso se puede ir más allá y afirmar que la escritura, y sobre todo la lectura, han transformado su vida. Porque antes, cuando se centraba sólo en las artes plásticas, tenía que recoger su taller por la noche para poder así trabajar por la mañana, pero ahora que su mente está ordenada, ya no le importa el caos exterior.

La artista odia las rutinas porque su infancia estuvo delimitada por los horarios estrictos, las actividades extraescolares y los calendarios de trabajo. En casa se cenaba a las ocho en punto y a las diez, los niños a la cama. Lo mismo ocurría en verano; incluso la diversión tenía una disciplina. De ahí que, tan pronto como se independizó, asumiera el caos como forma de vida. Efectivamente, Paula Bonet no tiene un horario para pintar, otro para escribir y un tercero para leer, sino que lo hace todo a la vez, dejándose llevar por las exigencias de la obra, concibiendo su trabajo como un magma inseparable, un estofado que hace chupchup en el caldero de la abuela, una piñata que no separa los caramelos por sabores. Y, por más que ha tratado de poner orden en ese sindiós laboral, siempre vuelve a mezclarlo todo. Hace poco, por poner un ejemplo, convirtió una de las habitaciones de su casa en un despacho pensado única y exclusivamente para propiciar la escritura. Se compró un ordenador potente y una pantalla grande, puso lamparitas sobre la mesa, colocó una butaca junto a la ventana… Dos meses después ya había recuperado el portátil y volvía a escribir en su taller de pintura, junto a los lienzos a medio terminar, los pinceles resecos y los botes de aguarrás que tanto la embriagan.

Pero hay un detalle que, en cierta medida, sí permite diferenciar una disciplina de otra: según asegura, la escritura la deja mucho más exhausta que la pintura. Es algo extraño, sobre todo si se valora que Paula Bonet no pinta con los dedos, ni tampoco con las manos ni los brazos, sino con el cuerpo entero, lo cual es obviamente una actividad física que tiene sus repercusiones, en especial cuando se han rebasado los cuarenta y la energía ha perdido su potencia. Aun así, escribir durante diez, once o doce horas seguidas, casi siempre de las seis de la tarde a las cinco de la mañana, la deja más agotada que pintar durante el mismo espacio de tiempo.

¡Ah!, y ya que nos hemos metido en el tema de la edad, me permitirán que dé una última pincelada: en la actualidad, Bonet no tiene las ansias de producir que antes la dominaban. En el momento en que se realizó esta entrevista, la artista se encontraba en Santiago de Chile, impartiendo los talleres de las becas Roser Bru, y no tuvo reparos a la hora de reconocer que, si hasta hace poco se encerraba a trabajar y no pisaba la calle durante días enteros, ahora siente la necesidad de pasear, de subir a un cerro y de contemplar la belleza de la cordillera andina. Da la impresión de que esta repentina búsqueda de paz interior, de que esta asunción de que el artista también trabaja cuando no trabaja, de que esta necesidad de un silencio reparador es algo que todos los creadores, ya sean pintores o escritores, tienen en común, al menos cuando han alcanzado la serenidad de quien confía en sí mismo.

24 de agosto de 2022

Elísabet Benavent

El control de la productividad

Elísabet Benavent está en esa edad en la que los escritores noctámbulos asumen que ha llegado el momento de hacerse diurnos. Es algo que viene ocurriendo desde la noche de los tiempos: la práctica totalidad de los jóvenes letraheridos inician su carrera literaria encandilados por el influjo de la luna, agradecidos por el sueño de sus vecinos y fascinados por el silencio de las ciudades, hasta que llega un momento en que el exceso de café, el caos de los horarios y la soledad de las madrugadas empieza a pasarles factura no sólo en el ámbito psicológico, sino también físico. Los más inteligentes hacen entonces un esfuerzo por adaptar sus jornadas a las convenciones sociales y exigencias físicas, y los otros, bueno, los otros envejecen con la misma velocidad con la que lo hizo Dorian Gray al apuñalar su propio retrato.

La superventas valenciana ya ha alcanzado los treinta y siete años y en su cocina sólo hay un paquete de café y en ocasiones hasta un cartón de leche. Desde hace algún tiempo siente acidez en el estómago y, aunque cualquier otra persona habría deducido las causas de ese malestar echando un somero vistazo a su nevera, ella ha demorado cuanto ha podido aceptar que alimentarse a base de cafeína, trabajar hasta las tantas y desayunar tan sólo de vez en cuando no es lo mejor que puede hacer alguien que roza los cuarenta. Es normal, a nadie le gusta aceptar que la juventud es un divino tesoro que ya saben ustedes qué.

Así pues, tomó la decisión de dar un vuelco a su vida y organizar sus días de un modo más saludable. No quiere seguir tomándose eso de la escritura como si fuera una carrera de motos; a partir de ahora la abordará como un paseo en velero. Y la única forma de conseguirlo pasa por distribuir mejor el tiempo: desde mañana mismo se levantará cuando el sol entre por su ventana, y lo primero que hará será salir a estirar las piernas, después tomará asiento en la terraza de alguna cafetería para desayunar con calma, al cabo regresará a casa para continuar con la escritura de su nueva novela y, cuando llegue la hora de comer, abrirá la nevera y cocinará algo de lo más nutritivo, por la tarde se dedicará a la lectura de los grandes clásicos y por la noche quedará con los amigos o simplemente verá una película. Tal es el plan de futuro que tiene Benavent pensado, pero, si nos permite un consejo, le diremos que tampoco se tome sus propias decisiones tan en serio. Porque, si lo de los escritores que arrancan sus carreras trabajando de noche es algo que viene ocurriendo desde el inicio de los tiempos, lo de los que deciden llevar una vida sana y no tardan ni una semana en recuperar las malas costumbres es algo incluso previo. Y está bien que así sea. Que luego le cambia a uno la personalidad y las novelas pierden el toque.

Ahora bien, hay dos cosas que Benavent nunca dejará de hacer. La primera es arrastrar una pizarra por toda la casa. Se trata de una Vileda rectangular que descansa sobre un caballete y que emborrona con el esquema de la novela en la que anda metida. La pizarra la acompaña a todas partes: al salón, a la cocina, a la terraza, al dormitorio y quién sabe si hasta al retrete, y sus anotaciones son lo primero que ve cuando se despierta y lo último cuando se acuesta. La segunda costumbre inmutable es la de anotar el número de páginas, de palabras, de caracteres con espacios y de ídem sin ídem que escribe durante cada jornada de trabajo. Es un control obsesivo de la productividad diaria y, aunque la libreta donde apunta esos datos parece antes el cuaderno de un matemático que el de un escritor, no puede negarse que el método funciona. Porque Elísabet Benavent lleva vendidos tres millones y medio de ejemplares, mientras que muchos de sus colegas... en fin, muchos de sus colegas comen sano, hacen deporte y se ajustan el monóculo mientras repiten que uno no debe concebir la literatura como si fuera una ciencia exacta.

15 de junio de 2022

Aixa de la Cruz

Marcar el ritmillo

En la literatura de Aixa de la Cruz hay un «antes de Noa» y un «después de Noa». Noa, se entiende, es la hija que tuvo hace ahora cuatro años con el también escritor Iván Repila. Una niña que le cambió la vida… y el método de trabajo.

En los tiempos remotos «antes de Noa», escribía con la ayuda de las drogas. De las legales y, por supuesto, de las ilegales. Se metía de todo para construir sus historias: tres Red Bull y una rayita de cafeína en polvo, dos Monster y una anfetamina, un sello de LSD y una benzodiazepina para dormir aunque fuera un poco…

Aceleraba la realidad a voluntad para que su cerebro, saturado con la velocidad de cuanto percibía, se centrara en un único elemento: la novela. Durante dos o tres meses, escribía y se drogaba y se drogaba y escribía, y toda esa agitación daba como resultado el primer borrador de una ficción que, de tan torrencial como era, parecía obra de alguien que llegaba tarde a su propio entierro.

Pero entonces llegó Noa y el mundo pegó un frenazo. Literalmente. Porque estalló la pandemia y todo se detuvo. Aixa de la Cruz e Iván Repila fueron de los que, tras el confinamiento, decidieron abandonar la ciudad y largarse a vivir a un pueblo. Esta mudanza, sumada a la llegada de la maternidad y al consiguiente abandono de las drogas, transformó también la relación con el trabajo.

Lo primero que cambió, de una forma natural, fue el tecleo. Llevaba casi un año cuidando de un ser frágil, un bebé, y sus gestos se habían vuelto más delicados, menos bruscos, más tiernos. Salió de su interior una gracilidad que no recordaba poseer y de pronto ya no aporreaba el teclado con ritmo acelerado, sino que lo hacía con la misma suavidad que cuando tocaba el piano en el Conservatorio, época de la que, por cierto, todavía mantiene la costumbre de marcar con el pie el ritmo de su propio fraseo.

El segundo cambio que introdujo en su método de trabajo fue el de la meditación. De tanto vivir en un pueblo donde reinaba el silencio, la bilbaína se acercó a la cultura del yoga y, por lógica, a las técnicas de respiración. Así fue como descubrió que existía otra forma de alcanzar la concentración que la llevaba exactamente al mismo lugar, cuando no más lejos, que cuando se drogaba durante las sesiones de escritura. Porque, si las anfetaminas y las bebidas energéticas y los concentrados de cafeína aceleraban la realidad hasta el punto de detenerla, el yoga, la respiración y la meditación la frenan hasta conseguir exactamente lo mismo. Y encima sin poner en riesgo la salud.

Así pues, viajó de la velocidad a la calma en apenas tres años, y ahora ya no es una mujer que trabaje de noche, que le robe horas al sueño y que se aísle de todo para vivir en su mundo. En estos tiempos «después de Noa», ha adaptado su jornada laboral a los ritmos escolares de su hija, lo que significa que, tras dejar a la pequeña en la escuela, practica un rato el yoga y se pone a trabajar a las diez y media. Lo hace en una habitación en la que sólo hay una mesa y una silla plegables que monta cuando quiere escribir y desmonta cuando necesita espacio para hacer el saludo al sol, la postura del cuervo y la de la flor de loto. Por otra parte, cada tres cuartos de hora, medita durante tres minutos, y este sistema de tramos le permite alcanzar las mil o mil quinientas palabras al día, objetivo que suele lograr antes de las cuatro de la tarde, que es la hora en la que recoge a Noa y la literatura queda de lado.

Aixa de la Cruz ha hecho el camino inverso al de algunos de sus colegas. Ella ha ido de la aceleración a la lentitud, de la violencia a la calma, del ruido al silencio, cuando lo normal en este oficio —o al menos lo que se ve a poco que uno ponga los ojos donde debe ponerlos— es que los autores vayan ahogándose en el alcohol o consumiéndose en las drogas a medida que la realidad los va distanciando del éxito.

9 de agosto de 2023

Luna Miguel

Un método dactilar

Luna Miguel siempre se masturba antes de ponerse a escribir. Lo hace de forma manual, sin succionadores ni dildos ni otros chirimbolos del placer, y no entra en páginas porno porque le basta con cerrar los ojos y dar alas a la imaginación. Se divierte un rato con el chiquichaque dactilar y, cuando alcanza el clímax, suelen entrarle ganas de repetir, pero no lo hace porque prefiere aprovechar la energía proporcionada por ese orgasmo para abalanzarse sobre el teclado y, sin haberse siquiera lavado las manos, continuar con la novela, el ensayo o incluso el poema que dejó interrumpido ayer.

Pero, si esto de la masturbación como motor de arranque creativo los ha dejado ojipláticos —que es evidente que sí, faltaría más—, también les gustará saber que la escritora se documenta tanto sobre la temática que abordará en su siguiente libro que a veces se convierte en aquello que lee. Es lo que llama «lectura somática», que básicamente consiste en vivir de un modo tan intenso la historia de la novela que sostienes entre las manos que acabas creyéndote que eres el mismísimo protagonista. Veamos un ejemplo: la ficción que más veces ha releído es *Pura pasión*, de Annie Ernaux, en la que se narran los desvaríos de una mujer culta y económicamente independiente que, de tan prendada como queda de un diplomático casado —por cierto, parecido a Alain Delon—, no sólo se trastoca, sino que además se queda como idiotizada ante la mera contemplación del citado caballero. Pues bien, la escritora madrileño-almeriense afincada en Barcelona ha vuelto sobre ese libro en reiteradas ocasiones, pero la última vez que se adentró en sus páginas se dejó engatusar por el argumento con tanta facilidad que decidió que necesitaba enamorarse con la misma intensidad que el personaje de Ernaux. Dicho y hecho: eligió a uno de los padres que frecuentaban el mismo parvulario al que iba su hijo y, durante una temporada, se comportó como si el mundo girara alrededor de ese hombre: lo observaba en silencio, escribía sobre él en su diario, lloraba en la soledad de su apartamento… Hasta que un día, ¡plof!, abrió otro libro y aquella paranoia terminó. Por cierto, el padre objeto de sus fantasías nunca se enteró de nada, el pobre.

Así pues, Luna Miguel tiene el don de transformarse en aquello que lee y, como resulta que se convierte en todos los personajes de los libros que consulta durante su proceso de documentación, luego puede ponerse a escribir conociendo perfectamente no sólo la tradición sobre la que se asienta su texto, sino también los sentimientos de los personajes que vivieron escenas parecidas a las que ahora ella se dispone a recrear. Si esto no es zambullirse en la investigación, que baje Dios y lo vea.

Sabiendo todo esto, a nadie sorprenderá que afirme que disfruta más leyendo que escribiendo, y que incluso considere que lo primero es un placer y lo segundo algo así como un tormento. De hecho, sólo hay que fijarse en su método de trabajo para asumir que no exagera. Porque esta mujer se pasa todo un año leyendo libros que guardan relación con la novela o el ensayo que quiere escribir y, cuando considera que ya no necesita investigar más, se sienta ante el ordenador y redacta el manuscrito, o al menos el primer borrador, en apenas un mes. Se pone a ello cada madrugada, de la medianoche a las cinco, y es en este periodo de escritura intensa cuando, antes de apoyar los dedos sobre el teclado de su ordenador, hace lo propio con su cuerpo a fin de buscar un poco de inspiración.

Si algunos autores, cuando les preguntas qué hacen antes de ponerse a escribir, responden que preparan litros de café, que hacen un poco de running por la ciudad o que meditan sobre la esterilla de yoga, hay otros que, como Luna Miguel, confiesan que se tocan un poco por ahí, es decir, que hacen lo mismo que los demás colegas… pero sin después esconderlo. Porque eso de —con perdón— hacerse una pajilla antes, durante o después de pasar un montón de horas frente al ordenador es tan antiguo como el mismísimo internet. ¿O no, queridos autores?

12 de julio de 2022

III

La corrección

Vicente Molina Foix

El trapero de la literatura

Hay algo maravillosamente anticuado en la forma en que Vicente Molina Foix concibe su oficio. Sus costumbres son como de otra época, dibujan a la perfección al escritor de finales del siglo pasado, encajan como un guante en la imagen que todos esperamos encontrar cuando nos presentan a un literato. De hecho, si nos pidieran que cerráramos los ojos e imagináramos a un autor trabajando en su obra, sin duda lo describiríamos a él. Y, de todos los elementos que evocaríamos —la noche, la soledad, la estilográfica, los papeles, el whisky—, sólo nos equivocaríamos en uno: el de la nube de humo. Porque no tiene el vicio del tabaco. Y no lo tiene porque, según dice, Javier Marías ya fuma por él. Por él y por muchos más.

Todos los tópicos que asociamos al oficio de escritor se dan en Vicente Molina Foix. Lo hacen con tanta precisión que se podría decir que estamos ante uno de los grandes representantes de una antigua forma de encarar la profesión. Una forma tal vez pasada de moda, pero que ha dado a la literatura española títulos tan buenos que tal vez convendría recuperar. Si es que lo comenta él mismo: «Yo formo parte de la generación de la estilográfica». Fíjense bien: la generación de la estilográfica. Qué forma más elegante, y a la vez evocadora, de encapsular a toda una quinta.

Molina Foix escribe por las noches, cómo no, y lógicamente no se levanta hasta bien entrada la mañana. Desayuna mientras lee los periódicos, una costumbre que define a la perfección tanto a quien la ejercita como a quien no, y tarda un par de horas en ponerse a escribir, tal vez porque sabe que las prisas son el peor enemigo del arte. Necesita la agenda libre de compromisos para alcanzar el nivel de concentración deseado y, si quiere escribir tres horas, ha de tener un mínimo de ocho libres. Por suerte, ahora dispone de tiempo. Antes dedicaba parte del día a la docencia, a la traducción y al periodismo, pero la jubilación lo ha librado de esas obligaciones y hoy puede centrarse por entero en la literatura. Aun así, la noche sigue siendo su fuente de inspiración.

Escribe en un despacho cerrado a cal y canto. Aunque vive solo, no logra concentrarse si hay puertas abiertas a su alrededor, tampoco si no le acompaña la música. Define lo que suele sintonizar como «música ligera», tipo Los 40 Principales o Top of the Pops —que es la forma británica de decir lo mismo—, y reconoce que escucharía algo más de clásica si los locutores de las respectivas emisoras no soltaran peroratas tan largas. Que una cosa es encender la radio para sentirse acompañado y otra muy distinta aceptar que a uno le roben la concentración con turras de media hora.

El escritor alicantino trabaja durante todo el día y sólo interrumpe su labor a las nueve de la noche, cuando se quita las bermudas, se viste con elegancia y pone rumbo al cine de su barrio. Le gusta tomarse un descanso viendo una película en la gran pantalla, que es como considera que hay que disfrutar del séptimo arte. Luego vuelve a su casa, se sirve un dedo de whisky y escribe hasta las tres de la mañana, a veces incluso más.

Define su disciplina laboral como prusiana, que no me negarán que es una antigualla de definición, y añade que es un trapero de la literatura en el sentido que Walter Benjamin dio al término. La razón es que en su domicilio no sólo guarda sus propios manuscritos, sino también los de algunos de sus amigos. Tiene un original de Javier Marías y una reescritura de Leopoldo María Panero, por poner dos ejemplos, además de las distintas versiones de sus propias novelas, de los treinta y cinco volúmenes que ocupan el diario que lleva escribiendo desde hace veintitrés años, de las cartas que ha recibido y también de las que ha enviado, y en definitiva de cualquier papel con un mínimo de valor documental que pueda tanto haber generado él mismo como haber caído en sus manos. Incluso conserva el primer ordenador que compró en 1993, tras dejarse convencer por Fernando Savater sobre la necesidad de cambiar la máquina de escribir por ese artilugio que anticipaba el futuro. Reconoce —y no tiene reparos a la hora de confesarlo— que empezó a almacenar estas pruebas de su paso por el mundo de las letras porque, cuando era joven, soñaba con que algún día llamaría a su puerta un estudioso de la Universidad de Harvard y que él le entregaría todas y cada una de las muestras de su evolución como escritor. Y, la verdad, aplaudimos esa actitud, entre otros motivos porque sabemos que, en este oficio, quien no tiene ambición no va a ningún sitio.

¡Ah!, y un último detalle para ilustrar los hábitos tan añejos como admirables de este escritor: cuando habla sobre su trabajo, menciona sin parar a sus colegas. Tanto vivos como muertos. Que si Javier Marías, que si José Hierro, que si Vargas Llosa… Y eso hay que resaltarlo. Porque, como sabemos por aquí, en ocasiones los escritores sólo se citan a sí mismos. Vicente Molina Foix es un señor y, en consecuencia, no actúa de un modo tan abyecto. Él sabe que forma parte de una generación y ni se le ocurre hablar de su esfuerzo sin nombrar a quienes siempre han estado a su lado.

28 de julio de 2021

Luis Landero

Sin habitación propia

Luis Landero no tuvo una habitación propia hasta que superó los cincuenta años, y la verdad es que tampoco la echó en falta. Escribió algunas de sus mejores novelas en la misma mesa camilla en la que comía a diario con su familia, en la que sus hijos hacían los deberes y en la que se reunía con su mujer para ver la televisión por la noche. Aun así levantó un corpus literario que ridiculiza a cuantos construyen torres de marfil para luego dar al mundo obras que parecen de hojalata. Pues, digámoslo ya, los auténticos escritores no necesitan ni despachos ni estilográficas ni monóculos de plata. Lápiz y papel; todo lo demás, quincalla.

Por suerte, ya tiene su propia sala de trabajo. Cuando sus hijos se emanciparon, convirtió una de sus habitaciones en un estudio y ahora, cuando mira por la ventana, ve una acacia, una antena de televisión y un balcón con una bicicleta. Antiguamente había una bombona de butano en esa misma terraza, pero los tiempos han cambiado y el pasado sólo sobrevive en los recuerdos.

Al autor de *El mágico aprendiz* (Tusquets, 2001) y *Juegos de la edad tardía* (Tusquets, 2019) le gustaba el mundo tal y como era antes. De hecho, lo añora tanto que aún mantiene algunas costumbres obsoletas. Por ejemplo, baja a comprar los periódicos cada mañana y, antes de ponerse a trabajar, repasa los titulares en silencio. Después entra en la habitación de su hijo y, de nuevo, antes de comenzar a escribir, lee algunas páginas del medio centenar de libros que, ordenados en una estantería que tiene al alcance de la mano, conforman su canon particular. Torrente Ballester hacía lo mismo: releía algunos párrafos de sus autores preferidos para calentar un poco, podríamos decir que para ponerse a tono, y cuando sentía que la literatura se le había metido en el cuerpo, ponía las manos en el teclado de la máquina de escribir y se lanzaba a crear sus mundos.

No son esas las únicas costumbres que Luis Landero mantiene desde hace años. Hay algunas cuyos orígenes se remontan a su época de estudiante. Por ejemplo, cada mañana, después de haber hojeado la prensa y rememorado a sus escritores predilectos, le da la vuelta a un folio reciclado, coloca una regla sobre el papel y traza un margen de unos seis centímetros. Después pone la hoja sobre el atril que mandó construir a un carpintero, echa un vistazo al mundo que gira tras su ventana y se lanza a escribir sus cosas. Cada día igual, sin faltar nunca, como cuando era pequeño y empezaba la clase.

El narrador extremeño escribe en tinta negra, pero luego corrige con cuatro colores distintos: primero lo hace con un lápiz y luego con rotulador azul, rojo y verde. De manera que, cuando termina la jornada laboral, el folio tiene cinco estratos de escritura sobre la misma superficie. Los manuscritos de Landero parecen la fiesta mayor de un pueblo, con cohetes que explotan y con fuegos artificiales, y es una lástima que luego pase el material a limpio, porque a algunos nos gustaría leer sus novelas con todos esos colores superpuestos y con el margen izquierdo, si pudiera ser, un pelín torcido.

No me digan que no es, así en general, una estampa entrañable: un escritor reclinado sobre un atril, una regla transparente con el filo tiznado, cinco rotuladores desperdigados por la mesa, una ventana con una acacia y un balcón en el que antaño había una bombona de butano y hoy una bicicleta. Es la imagen que yo vislumbraba cuando, siendo niño, imaginaba la vida de los escritores. Es la imagen que, en realidad, sigue dominando el corazón de quienes vemos este mundillo con un punto de romanticismo. Es la imagen, pues, de Luis Landero.

2 de junio de 2021

Enrique Vila-Matas

Escapar por un agujerito

Enrique Vila-Matas tiene dos trucos para vencer el miedo a la página en blanco: el Hemingway y el Bioy Casares. El primero consiste en escribir a diario, sin saltarse un solo día, con una disciplina más férrea que el raíl de un tren. Lo llama «truco Hemingway» porque en 1958, cuando George Plimpton entrevistó al autor de *El viejo y el mar* y *Por quién doblan las campanas* para la revista *The Paris Review*, en concreto cuando se interesó por sus hábitos de trabajo, el estadounidense respondió que siempre terminaba su jornada laboral en el momento exacto en el que sabía qué ocurriría en la siguiente escena. Hemingway se iba a dormir con la seguridad de que al día siguiente tendría algo que contar y tan pronto como se levantaba se ponía frente a la máquina de escribir y aporreaba las teclas casi sin pensar.

En efecto, según Vila-Matas, la continuidad es requisito imprescindible para terminar una novela. Pero, si aun así uno se queda bloqueado, siempre queda el «truco Bioy Casares». El argentino dijo en cierta ocasión que la inteligencia era el arte de encontrar un agujerito por el que salir de la situación que nos tiene atrapados. Así pues, para sortear uno de esos callejones sin salida que a menudo interrumpen las historias, el escritor tiene que buscar dicho «agujerito» y, cuando al fin lo encuentra, volver sobre el teclado con tanta furia que acaben doliéndole las yemas de los dedos. Ahora bien, para conseguir esto, primero hay que entrenar la mirada. Conseguir, por así decirlo, una mirada de escritor. El resto ya viene solo.

LA CORRECCIÓN

El barcelonés confiesa que, si un día no escribe, al anochecer se siente estúpido. Su obsesión por la continuidad llega a tal extremo que, cuando no cumple con su deber, se odia a sí mismo. Eso proviene de su etapa de estudiante. En concreto, de aquella época en la que despertaba empapado en sudor tras haber soñado que suspendía un examen. Ese miedo al fracaso, a dejar las cosas a medias, a no superar los obstáculos, se le quedó pegado al alma y, ahora que ya es adulto, sigue sin hacer pellas porque, básicamente, le horroriza la posibilidad de convertirse en el tonto de la clase.

De manera que cada mañana, después de desayunar, se sienta en su escritorio. Lo hace a las ocho y media y no se levanta hasta las dos y media de la tarde. Bueno, sí se levanta, pero sólo para rellenar su taza de café. Bebe en la actualidad tanto café como alcohol en el pasado. En aquel tiempo, no se ponía a escribir hasta bien entrada la tarde, entre otras cosas porque las resacas eran tan salvajes que se veía incapaz de atinar una frase entera. Sin embargo, y según recuerda, en cierto momento del día, normalmente antes de comer, el dolor de cabeza se disipaba y afloraba de su interior una euforia que le empujaba a escribir de un modo desenfrenado. Esos momentos, dice con una sonrisa malévola, eran maravillosos.

Pero todo eso quedó atrás, en la etapa anterior al colapso que lo llevó al hospital, y ahora es un hombre que se levanta temprano, carga la cafetera y se pone a teclear. Es la cafeína lo que hoy lo pone eufórico. Hay un momento en que su cerebro alcanza tal grado de excitación que le parece que todo lo que está escribiendo es magnífico. Y ya sabemos lo que ocurre cuando uno tiene seguridad en sí mismo: que su trabajo acaba siendo bueno. Pero, ojo, guarda otro as en la manga: si no consigue el estado mental que necesita, lo busca en Spotify. Ha creado unas cincuenta listas de canciones que evocan los diferentes ánimos que suelen dominar a un escritor y sólo tiene que dar al play en la opción precisa para lanzarse sobre el teclado.

Así escribe Vila-Matas: con ordenador e impresora. Gasta cartuchos de tinta sin parar porque imprime cada folio decenas de

163

veces, en ocasiones hasta un centenar, y corrige a mano todo lo que no le gusta. Luego incorpora los cambios al procesador de texto y vuelta a empezar. Repite tanto esta operación que, según afirma, a veces tiene la sensación de que no es un escritor, sino un pintor que pone tantas capas sobre el lienzo que al final apenas se detecta una pincelada del boceto original. Es su método y le funciona. Por supuesto que le funciona. Ha publicado algunas de las novelas más aplaudidas de la literatura nacional e internacional, y a estas alturas de su vida ni siquiera necesita un lector cero para saber que ha hecho bien su trabajo.

Antes, su esposa Paula Massot leía los manuscritos tan pronto como los terminaba y, si daba su visto bueno, Vila-Matas se los enviaba a Jorge Herralde. El editor de Anagrama guardaba silencio durante unas jornadas, tal vez incluso alargaba la espera para despertar la inquietud de su autor, hasta que un día lo telefoneaba y le decía: «La crítica te adorará, pero no venderemos nada». Esta frase indicaba que todo estaba en orden, que Vila-Matas había conseguido lo que se había propuesto, que había dado otro paso hacia la excelencia. Sin embargo, ya no necesita que nadie lea sus novelas. Porque el auténtico escritor sabe si lo que ha escrito es bueno o malo. O al menos eso opina el barcelonés del abrigo estilo Pessoa.

21 de octubre de 2020

Julio Llamazares

Un trabajo de mentirijillas

Dice Julio Llamazares que escribir no es un oficio. A lo sumo, una vocación o una pasión, puede que incluso un privilegio, pero ni mucho menos un trabajo. Porque, para que lo fuera, tendría que implicar sacrificio o sufrimiento, algo así como jugarse la vida bajando a la mina a diario, recogiendo patatas bajo un sol de acero o soportando temporales en caladeros mar adentro. Y nada de eso le ocurre a un escritor. Salvo en su imaginación, claro.

Hay otro motivo por el que considera que lo suyo no puede ser considerado una profesión: el dinero. Porque hay que ser un auténtico loco para dedicar la vida a la literatura. De hecho, y siempre según el autor leonés, el 95 por ciento de las personas que hoy se cuelgan la etiqueta de escritor dejarían de aporrear el teclado si les negaran la posibilidad de publicar, y sólo continuarían haciéndolo el 5 por ciento restante. Lógicamente, este último porcentaje agrupa a los que pueden autodenominarse escritores sin que se les caiga la cara de vergüenza. Los demás, gente que pasaba por ahí.

Pero Llamazares no sólo está convencido de que lo que él hace no es un trabajo de verdad, sino que sabe que tampoco lo es para los demás, familiares incluidos. Porque le ocurre a menudo que alguien lo llama por teléfono para proponerle un plan y, cuando él se excusa alegando que se encuentra en pleno proceso creativo, el otro le responde que, ¡hombre!, tampoco pasará nada si interrumpe lo que sea que está haciendo para tomar un café. Tiene sesenta y seis años y lleva treinta publicando, y aun con eso su entorno sigue sin tomarse en serio su labor. ¿Por qué? Pues porque en este país todavía hay quien supone que la vida de escritor consiste en rascarse la barriga. Y así nos va el tema cultural.

Por todo esto, tiene claro que el auténtico trabajo de un fabulador no consiste en enlazar oraciones ni en indagar en la condición humana ni tampoco en buscar metáforas que sinteticen el mundo, sino en conseguir que lo dejen en paz. En eso invierte las horas un escritor: en alcanzar cierto grado de tranquilidad. Y, para explicar a qué se refiere con esta afirmación, pone un ejemplo: imaginen al director de una orquesta que interrumpe la pieza que los músicos están tocando porque un espectador ha entrado a deshora en el auditorio y que no retoma la partitura hasta que el recién llegado ha tomado asiento en su butaca. A todos nos resultaría insólito, puede que incluso hubiera quien soltara un sopapo al impuntual, y sin embargo nadie ve anormal interrumpir a un escritor que, como le ocurrió a Llamazares mientras componía *Luna de lobos* (Seix Barral, 1985), lleva horas tratando de sentir el frío, la soledad y la desesperación que debían de experimentar los guerrilleros que se refugiaron en las montañas cántabras durante la Guerra Civil. El autor se esforzó por sumergirse mentalmente en aquella realidad con el único objetivo de conseguir que el lector hiciera lo mismo al abrir el libro, pero cada vez que alguien lo importunaba era brutalmente expulsado de un universo al que, horas después, se veía obligado a retornar.

Harto de tanta distracción, se puso a escribir por las noches. Dice que es el único momento del día en que nadie lo molesta, en que nadie lo interrumpe, en que nadie lo aparta de la realidad. Por lo general toma asiento frente al ordenador a medianoche y alarga su labor hasta las tres, las cuatro o incluso las cinco de la mañana. Asegura que una hora nocturna cunde por dos diurnas y que, cuando la oscuridad cae sobre la ciudad, la inmersión en esa otra realidad llamada ficción es mucho más profunda que cuando el sol lo ilumina todo.

La «línea de concentración» que le otorga ese horario es lo que le permite escribir. Así y todo, no estamos ante un autor torrencial que vomite sus historias en un corto espacio de tiempo y que después las corrija durante meses, años o incluso algún que otro lustro, sino ante uno que trabaja por fragmentos, esto es, que imagina, escribe y corrige una única escena con primor, y que no salta a la siguiente hasta que no ha dado del todo por terminada la anterior. Tanto es así que podría enviar directamente a imprenta cada uno de los fragmentos que da por finalizados, porque ya nunca volverá sobre ellos, ni siquiera cuando haya terminado la novela. Ahora bien, para que nos hagamos una idea del esfuerzo que conllevan esos párrafos, baste decir que, si Llamazares todavía usara máquina de escribir, por cada folio mecanografiado habría cien en la papelera.

Como cabe suponer, esta forma de trabajar imposibilita que planifique las novelas, puesto que el contenido de cada escena cambia tanto durante el proceso de corrección que resultaría imposible anticipar qué pasará en la siguiente. De hecho, a Llamazares le gusta compararse con un explorador que se va abriendo camino por la selva a machetazos y que nunca sabe qué oculta el follaje que tiene delante. Por eso desconoce qué ocurrirá en la siguiente página, así como cuánto queda para alcanzar el final del libro. Él simplemente escribe y, de pronto, descubre que ha llegado a la última página. Todo igual que le ocurre al explorador que, tras apartar la maleza con ambas manos, encuentra un templo alzándose majestuoso en medio del claro. Un templo que, en realidad, ni siquiera buscaba.

9 de febrero de 2022

Leonardo Padura

Las horas nalgas

Leonardo Padura y Lucía López Coll son una única persona dividida en dos cuerpos. Juntos componen el que quizá sea el matrimonio más sólido de la reciente literatura cubana, siempre con permiso de Guillermo Cabrera Infante y Miriam Gómez. Se conocieron cuando tenían veintidós y dieciocho años, respectivamente, y si ahora rondan los sesenta y seis y los sesenta y dos ya pueden echar ustedes cuenta del tiempo que llevan juntos. El suficiente como para entreverarse, amalgamarse e incluso fusionarse, como poco.

Decía David Mamet que un artista no debe hacer caso a los consejos de nadie que no tenga un interés personal en su éxito. Y, como es evidente que no hay nadie más interesado en nuestra prosperidad que la propia pareja, Padura ha convertido a Lucía en la primera lectora de sus manuscritos. Porque ella es guionista, periodista y especialista en literatura cubana, y encima conoce hasta el último tic de su marido. De hecho, se podría decir que él escribe todos y cada uno de sus libros pensando sólo en la opinión de ella y, cuando termina el primer borrador de cualquiera de sus novelas, lo primero que hace es entregarle una copia a su esposa y retirarse en silencio a la espera de que lo lea. Ella revisa el texto con bolígrafo rojo, buscando específicamente los defectos, y cuando termina se sienta con su marido, le dice que cambie esto y aquello y se marcha con la seguridad de que él la obedecerá sin poner ni un pero. Padura inicia entonces la segunda versión del texto y, en efecto, aplica hasta el último de los consejos que le ha dado su

LA CORRECCIÓN

pareja. Tanto es así que la próxima novela que el cubano entregará a la editorial habrá perdido el primer capítulo simple y llanamente porque a ella no acabó de gustarle.

Eso de que Leonardo y Lucía son una única persona dividida en dos cuerpos no es algo que hayamos puesto aquí para darle un tono poético al capítulo. Lo dice él mismo y hay pruebas que lo demuestran. Por ejemplo: en su casa sólo encontrarán ustedes un ordenador que usan los dos en horarios distintos. Él por las mañanas y ella, pues por las tardes. Y si alguien insinúa de viva voz que la mesa de un escritor tiene que ser un lugar tan íntimo como sagrado, él suelta una carcajada y repite eso de que en su casa viven dos cuerpos pero una única mente.

El cubano siempre desayuna un yogur griego. Es tan aficionado a este producto que aprovecha sus viajes al extranjero para comprar todas las variedades disponibles en el mercado. Ahora mismo, mientras tiene lugar esta entrevista, degusta uno de Mercadona, cadena de supermercados españoles que endulza esos derivados lácteos con una pizca de azúcar de caña que lo enloquece. A las ocho y media, después de haberse comido el yogur y bebido un café bien cargado, entra en un estudio adyacente a la casa donde vive —y donde nació— y se pone a hacer «horas nalgas», localismo con el que cuantifica el tiempo que invierte en su novela a diario. Eso sí: cada veinte minutos se levanta y se asoma a la ventana, pasea por el huerto o sencillamente mira las musarañas, porque tiene calculado que esa es la medida de tiempo perfecta para que su mente rinda al máximo. Cuando el reloj marca la una, apaga el ordenador, despeja la mesa para su mujer y regresa al mundo.

Durante las horas nalgas avanza por la novela a tientas. No tiene nada planificado, no sabe hacia dónde se dirige, no conoce a los personajes. Simplemente se sienta y escribe. Y esta forma tan intuitiva de trabajar suele hacer que, cuando alcanza el penúltimo capítulo de su ficción, se vea obligado a volver atrás para descubrir quién es el asesino. Sí, amigos, Leonardo Padura escribe sus policiacas sin tener la más mínima idea de quién mató a fulano o mengano, y es al final de todo cuando tiene que regresar al principio y volver a leer el texto como si él mismo fuera el detective, es decir, buscando las pistas que tal vez su inconsciente haya ido dejando para desenmascarar al culpable. Luego hará unos retoques aquí y allá, dará coherencia al texto y, misterios de la literatura, todo quedará redondo. Y si por cualquier circunstancia no encontrara la salida del laberinto en el que se metió él mismo, pues se levantará de la silla, cogerá un ejemplar de *Conversación en La Catedral* y leerá de nuevo la única novela que, en su opinión, es capaz de iluminar hasta los fondos marinos. En la obra de Vargas Llosa encuentra respuesta a todos los enigmas que su propia ficción plantea y tantas veces ha manoseado ese libro que sorprende que todavía puedan leerse sus letras.

Hacia las nueve de la noche, después de haber pasado la tarde cuidando del huerto, haciendo ejercicio o descansando a la sombra del flamboyán que se alza en el jardín de su casa, regresa al estudio. Lucía ya ha terminado de trabajar y ha apagado el ordenador, y juntos toman asiento en el sofá que adorna una esquina del despacho, encienden el televisor y ven una película o una serie. Tienen una casa llena de habitaciones, pero cuando construyeron este estudio adyacente a la propiedad decidieron convertir uno de sus rincones en una especie de saloncito. Podrían haber aprovechado el espacio para instalar otro escritorio y, de este modo, tener cada uno un ordenador propio, pero ya se ha dicho varias veces que Leonardo Padura y Lucía López Coll son dos cuerpos pero un único ente, y tal vez sean también la demostración de que no hay nada como la estabilidad emocional para construir mundos ficticios.

4 de mayo de 2022

Ramón Andrés

Leer una partitura

Ramón Andrés se convirtió en escritor cierta noche de 1987. Caminaba por Copenhague con el abrigo enfundado y los mitones puestos cuando de pronto se detuvo, alzó ligeramente la barbilla y murmuró: «¿Qué diablos hago aquí?». Regresaba de cantar trovas en la embajada española. En aquella época, veinteañero todavía, ejercía de músico especializado en la Edad Media y el Renacimiento, y gozaba de tanto prestigio que se pasaba el día viajando por Europa. Pero estaba cansado. Aquel no era el futuro que había imaginado cuando, siendo apenas un niño, se escondía de los ataques de ira de su padre. Acurrucado bajo la cama, en silencio y a oscuras, se abstraía de la violencia desatada a su alrededor tarareando canciones y componiendo poemas en su cabeza, y aquella noche de 1987, después de cantar ante un público tan emperifollado como peripuesto decidió que había llegado el momento de recuperar la otra vía de escapatoria de su infancia. A fin de cuentas, él era un hombre nacido —y criado— para la soledad.

Hablamos de quien es hoy un ensayista fuera de serie. También cultiva el aforismo y la poesía, pero la fama le viene sobre todo de esos ensayos en los que no busca analizar la actualidad, sino «extender el conocimiento». Su objetivo en el mundo de las letras no es publicar libros para convertirse en tertuliano y dictar sentencia en los medios, sino entregar a su editor unos tratados tan primorosamente atestados de cultura que, si fueran piedras preciosas, jamás las engastaríamos para lucirlas en público, sino que nos bastaría con dejarlas sobre la mesa para contemplarlas en silencio.

Pero escribir ensayos de calidad no es sencillo. Hace falta disciplina y, sobre todo, método. Ramón Andrés lo adquirió a los treinta años, justo después de abandonar la fídula y apostar por la pluma. Entró en una papelería de barrio, pidió un fichero de cartón verde y regresó a casa dispuesto a archivar las referencias bibliográficas y las reflexiones suscitadas por todas las lecturas que realizara durante el resto de sus días. No sólo de los libros que concernieran al ensayo que tuviera en ese momento en mente, sino de todos y cada uno de los que cayeran en sus manos hasta la hora de su muerte. Este hombre ha publicado ya una docena de no ficciones, pero asegura que tiene las suficientes fichas manuscritas como para escribir otros treinta. Y de temas distintos.

Vive encerrado en una casa situada en el valle de Baztan (Navarra), donde trabaja incontestablemente de nueve de la mañana a dos de la tarde y de cuatro a ocho y media de la tarde. Lo hace en el más absoluto de los silencios. Ni siquiera tiene televisor y hace años que no cambia las pilas de la radio. Total, para lo que hay que escuchar. Su única compañía es una podenca de seis años, Betina, que pasa las jornadas recostada en su regazo y que lo obliga a escribir como si fuera Glenn Gould ante el piano, es decir, con la silla algo alejada y los brazos estirados. Pero la perrita no es el único ser que permanece a su lado mientras escribe, porque Ramón Andrés también tiene la costumbre de llenar su mesa con los libros de los autores que admira. Se levanta por la mañana y dice: «Hoy me apetece estar con Nietzsche» —o con Montaigne, Bernhard o Borges—; entonces coge todos los ejemplares de dicho autor, los reparte por el escritorio y se pone a trabajar como si realmente lo estuviera haciendo junto al filósofo del bigote. Por lo demás, sale de vez en cuando a la calle, más que nada por aquello de no volverse loco: unas veces va al bar del pueblo a tomar un café y otras a pasear con la perra por esos bosques llenos de hayedos.

Ramón Andrés tiene una memoria extraordinaria a la que atribuye gran parte del mérito de su trabajo. Su capacidad para recordar le permite no sólo encontrar rápidamente las fichas que necesita para elaborar el siguiente capítulo, sino también anticipar su contenido, cuando no el párrafo que suscitó su elaboración. Esta habilidad le viene de su época como músico. De cuando leía partituras y las escuchaba en su cerebro. Desde entonces, no puede leer absolutamente nada sin asociarle un ritmo. Las novelas, los poemarios e incluso los artículos del periódico digital que consulta por las mañanas se convierten en su interior en una especie de cantinela, y todos sabemos que no hay mejor forma de recordar cualquier cosa que transformándolo en una melodía.

Ramón Andrés es a la ensayística española lo que los cartujos a la transcripción de libros: un hombre de letras que trabaja como los de antes. Un escritor, digámoslo ya, que tal vez sea el último de su especie.

28 de diciembre de 2022

Juan Villoro

Destrozar el teclado

Juan Villoro se considera un mecanismo específicamente diseñado para convertir el café en literatura. Se pimpla tres americanos apenas se levanta y, transcurridos unos cuarenta minutos, la vitalidad estalla en su cerebro tal que una ola embravecida rompiendo contra un espigón. Entonces se sienta frente al ordenador y aporrea las teclas con tanta fuerza que borra las grafías de su superficie. Ya han desaparecido la e, la a, la o, la i y la s, que son las letras más usadas en lengua castellana, y al ritmo que escribe pronto lo harán el resto. Antes, cuando utilizaba máquina de escribir, golpeaba las teclas de un modo todavía más rabioso. Lo hacía para que los tipos atravesaran el papel carbón y se imprimieran con claridad en las dos, tres o hasta cuatro copias que sacaba de sus textos y, cuando al terminar sacaba los folios del rodillo y los agitaba en el aire, una lluvia de confeti caía sobre la mesa. Eran los circulitos de las oes, que acababan perforadas por la contundencia con la que el brazo metálico apaleaba el papel.

El caso es que no sólo desgasta el teclado, sino también la estilográfica. Tiene tan clara la importancia de reescribir que, cuando termina el primer borrador de una novela, lo imprime en su totalidad y borra el único original digital que guarda. Entonces corrige toda la obra a mano y la transcribe en un nuevo documento. Hace todo esto porque la experiencia le ha demostrado que la inspiración está antes en las yemas de los dedos que en los microchips del ordenador y que, cuando uno corrige a mano, aparecen

LA CORRECCIÓN

ideas que jamás asomarían si sólo creáramos mirando la pantalla. Y porque, según dice, ser amanuense de uno mismo mejora el texto una barbaridad.

Pero la punta de los dedos no sólo sirve para atraer la inspiración, sino también para propiciar la concentración. Y es por eso que el mexicano ha construido un abalorio que le ayuda a pensar. Se trata de un llavero del que cuelgan llaves que no abren nada —de maletas perdidas, de antiguos apartamentos, de portones que ya no existen—, un escudo roto de ese equipo de fútbol, el Necaxa, que le parte constantemente el corazón, y un yen japonés por cuyo agujero pasa la arandela. Así pues, cuando se atasca con una idea, acaricia esos metales igual que hacen los católicos con las cuentas de un rosario y, siguiendo la filosofía del budismo zen, deja que la distracción de las manos libere su mente y que las ideas vuelvan a fluir.

Le viene esa costumbre de lejos. De cuando, siendo todavía un niño, llevaba siempre en el bolsillo unas fichas de parchís que llamaba «pensadores». Cuando se acostaba al anochecer o cuando se aburría en el colegio, las frotaba con cariño, cerraba los ojos y se imaginaba a sí mismo jugando al fútbol con los amigos o recorriendo el mundo en soledad o viviendo aventuras en cualquier bosque encantado. Hasta que no llegó a la edad adulta no comprendió que aquella práctica no era más que una preparación para el trabajo literario que realiza en la actualidad.

Otra costumbre que asocia con la literatura es la de pasear. Cuando no sabe cómo continuar una novela y cuando el llavero no cumple su función liberadora, coge la puerta de casa, baja a la calle y echa a andar. Ocurre entonces que, mientras deambula por su barrio y observa a la gente, se desatasca el problema que lo tenía bloqueado y afloran líneas argumentales que ni siquiera soñando habría podido encontrar. Está convencido de que los escritores no deben permanecer en reposo demasiado tiempo porque, en tal caso, les acaba ocurriendo lo mismo que a esos brebajes que vendían en las boticas de antaño: que el componente curativo se

175

posaba en la base del frasco y que tenías que agitar antes de usar. Así que ya saben ustedes: si quieren construir una novela de verdad, olvídense un poco de ella y salgan a pasear.

24 de febrero de 2021

Manuel Rivas

Un pie en cada mundo

Manuel Rivas supera los bloqueos emulando los andares de Charlot. No es broma, lo hace de verdad. Coloca los pies en posición de bailarín, talón contra talón y puntas hacia fuera, y avanza por el pasillo de su casa a pasos cortos y rápidos, tal y como hacía Charlie Chaplin en las películas protagonizadas por su personaje más famoso.

Así es como entra en estado zen. Un zen cómico, por supuesto, pero zen a fin de cuentas. Y aunque todo esto pueda parecer antes una coña marinera que un método de trabajo respetable, lo cierto es que tiene su lógica: primero, porque caminar de ese modo, pisando a derecha e izquierda a un mismo tiempo, hace que el gallego sienta que se encuentra en un sitio y en su opuesto a la vez, que recapacita sobre un concepto y su contrario de forma simultánea, que apoya un pie en la tierra y el otro en el mar, que por aquí es de noche y por acá de día, que amor y odio, vida y muerte, yin y yang… Y tanto binomio bajo las suelas de los zapatos no sólo excita su imaginación, sino que multiplica las posibilidades de salir del bloqueo con más líneas argumentales que cuando entró.

El segundo aspecto lógico en eso de ir por el pasillo haciendo de Charlot tiene que ver con la creencia de que los escritores deben recuperar la única herramienta que, alcanzado el siglo XXI, justifica su trabajo: el sentido del humor. En otras épocas la literatura estuvo relacionada con lo sagrado, con lo mundano y hasta con lo moral, pero los tiempos han cambiado y hoy sólo puede ser ya vinculada con la ironía, la broma y la carcajada descomunal. Y nada como reírse de uno mismo para recuperar las ganas de escribir. Nada como desacralizar el oficio para volver a respetarlo. Nada como imitar a Charlie Chaplin para abandonar esa idea absurda de que estamos haciendo algo superior.

Si esta práctica imitativa no funciona, tal vez convenga cerrar los ojos y dejar que sean nuestros propios personajes quienes nos digan qué debemos hacer. Según Rivas, es en la conexión entre el escritor y sus personajes donde nacen los relatos, motivo por el cual todo autor que se precie —absténganse los de «macrogranja», como él dice— ha de ser capaz de conversar, de conversar literalmente, con sus creaciones; y si no lo es, que abandone la historia en la que trabaja —puede que incluso la profesión— y busque otra cuyos protagonistas tengan a bien cuando menos dirigirle la palabra. A él le pasó con *Los libros arden mal* (Alfaguara, 2006): llevaba varios centenares de páginas escritas y las fuerzas empezaron a flaquear. Pensó en aparcar la novela, meterla en un cajón y ya se verá, pero los personajes golpearon el techo de papel bajo el que viven y suplicaron que no los abandonara en el foso del olvido, que no despreciara todo lo que le habían contado hasta el momento, que no les negara el derecho a existir, y la inspiración regresó.

En cuanto a la jornada laboral, no puede decir cuántas horas dedica al día a la escritura porque nunca piensa en su forma de trabajar, igual que tampoco repara en sus pulmones y sin embargo respira sin parar. De lo que sí es absolutamente consciente es de la actitud que mantiene ante el mundo desde que se levanta hasta que se va a dormir. A su entender, «la boca de la literatura» se manifiesta sin cesar a nuestro alrededor, ya sea a través de una nube de estorninos, ya de una gota de tinta sobre el papel, y la función del escritor es percibirla, capturarla y entregársela al lector transformada en algo que lo haga vibrar. Ahora bien, para captar esos mensajes que el mundo lanza, uno debe tener una visión panteísta de la realidad. Una mirada y un oído panteístas que capten los mensajes de corte literario que el entorno no para de enviar. Manuel Rivas adquirió ese don de pequeño, cuando iba por la calle con su cara de «niño pasmarote», y ha tenido la suerte de no perderlo. La suerte… o, mejor dicho, el entrenamiento.

Y una última curiosidad sobre el método de trabajo de este poeta, periodista y narrador: después de escribir a mano el primer borrador de su novela, lo pasa al ordenador, lo imprime y desenfunda una estilográfica para someterlo a la primera corrección. Durante las siguientes semanas tacha, desplaza y altera párrafos sin parar, y añade también *inserts* que empieza a escribir en el margen izquierdo del folio impreso y que en ocasiones crecen tanto que acaban colándose por el interlineado hasta alcanzar el margen derecho y crecer en ese otro lado hasta el punto final. Y estas frases, estas frases de letra diminuta que se convierten en puentes tendidos entre dos orillas, que unen la realidad del mundo existente a diestra con el del mundo también existente a siniestra, que convierten la cuartilla en una habitación con dos puertas, esas frases, decimos, son como los zapatotes de Charlot, que están en un sitio y en su reverso a la vez.

29 de noviembre de 2023

Guillermo Arriaga

Las palabras detonadoras

Guillermo Arriaga confecciona listas de palabras que generan otras palabras. Me explico: pongamos por caso que está leyendo una novela y va y de repente tropieza con un sustantivo cargado de ecos, derivas y resonancias. Por ejemplo, «homilía». Le parece de inmediato que sólo hay que pronunciar ese término para que la parte del cerebro encargada del lenguaje establezca millones de conexiones, así que lo anota en una libreta y sigue adelante con el libro. Pasados unos días, puede que incluso semanas o hasta meses enteros, se queda en blanco mientras trabaja en su propia novela. De pronto no sabe hacia dónde tirar, no fluyen las ideas, no se le ocurre cómo cerrar la escena, pero no se preocupa lo más mínimo porque tiene la solución al problema: el diccionario de las palabras detonadoras. Saca entonces la libreta del cajón, pasa el dedo por encima del léxico y se detiene en un sustantivo tan evocador que le carga de nuevo el alma con esa energía llamada literatura: «homilía». En efecto, no importa que un lago se seque, porque volverá a llenarse el día que llueva.

El mexicano está convencido de que los bloqueos no existen. Se lo dijo su hermana, la directora y guionista Patricia Arriaga, cuando él contaba trece años y ella unos diecinueve. Sus palabras fueron: «Un bloqueo es un estado mental en el que el inconsciente procesa la información de una manera distinta con la finalidad de resolver el mismo problema». Y él se lo creyó a pies juntillas. Desde entonces, cuando no sabe qué escribir, se pone a teclear igualmente, sin importarle que el párrafo no tenga ni pies ni cabeza, poniendo en pantalla lo primero que se le ocurre, porque tiene la certidumbre de que, cuando sus dedos hayan entrado en calor y las palabras se amontonen en la página, las ideas volverán a fluir por el único cauce que desemboca en ese océano que es la novela.

Pero hay que tener mucho cuidado con el inconsciente, porque no sólo se pone de pronto a procesar la información de un modo distinto, sino que también se divierte haciendo trampas a su dueño. Esto es algo que evidencian las repeticiones. Arriaga está convencido de que algunas palabras se quedan clavadas en esa parte abstracta del cerebro y que por eso recaemos varias veces en ellas incluso en un mismo párrafo. Es un fenómeno que le intriga: ¿por qué son tan frecuentes en el primer borrador de una novela las repeticiones de términos que ni siquiera solemos usar? La respuesta está, al menos en su opinión, en el pegamento. Hay palabras que se adhieren a nuestro cerebro de un modo obstinado y nuestros dedos insisten en teclearlas sin siquiera darse cuenta de ello. Es sólo después, al releer el texto con calma, cuando reparamos en que hemos escrito cuatro, cinco o incluso seis veces el mismo sustantivo en apenas un folio y que sólo hemos dejado de hacerlo cuando lo ha sustituido otro. Las repeticiones son la piedra de Sísifo de los escritores y la única forma de luchar contra semejante condena es la corrección de estilo. Arriaga revisa sus textos de un modo obsesivo. Y, si no lo creen, lean esto: transcribió *Salvar el fuego* (Alfaguara, 2020) ocho veces y la corrigió otras doce.

Lo de transcribir no es una broma. Estamos ante un autor que escribe siempre en pantalla, nunca a mano, pero que, cuando supera el meridiano del primer borrador de su nueva novela, frena en seco, imprime el archivo y lo transcribe en otro documento. Dice que eso le ayuda a eliminar la morralla y mejorar el vocabulario, y a nosotros nos parece un truco estupendo. Pero luego, cuando ya ha dado por terminada la que podríamos considerar segunda versión, vuelve a pasarla por la impresora y la transcribe de nuevo. Así hasta un total de ocho veces. Pero no detiene ahí la cosa. Porque después, cuando el tóner de la impresora está más seco que las momias del desierto de Atacama, se pone a corregir la novela. No a transcribirla, sino a corregirla, que no es lo mismo. Lo hace hasta en una docena de ocasiones, leyendo todas y cada una de las palabras con suma atención, calibrando hasta la última coma, incluso alargando o acortando los párrafos para que no quede ninguna viuda. Porque Arriaga opina, y en esto es contundente, que hasta la ortotipografía forma parte de eso que llamamos estilo.

29 de junio de 2022

Eduard Márquez

Las nuevas formas de narrar

Sólo hay una forma de escribir una novela realmente salvaje: alejarse del mundanal ruido. Lo dijo el tristemente desaparecido Enrique de Hériz en «Pamplinas» (*El Periódico de Cataluña*, 18 de enero de 2013), un artículo sobre la pérdida de acceso a los recursos editoriales que muchos escritores estaban sufriendo por culpa de la crisis económica:

> Pero hay que estar muy ciego para no ver que este, precisamente este, es el momento que la condenada Historia nos brinda para escribir la mejor novela de nuestra carrera. La novela salvaje. La que a lo mejor no nos atrevíamos a escribir cuando, aunque lo negáramos, la comodidad de publicar se superponía a la aventura de crear.

Aquel artículo impresionó a Eduard Márquez, quien por aquel entonces ya había decidido que no quería seguir escribiendo como lo había hecho hasta el momento. El autor catalán había llegado a la conclusión de que se odiaría a sí mismo si un día se levantaba y descubría que se había convertido en uno de esos narradores que sacan una novedad al año y que ganan tantos lectores a golpe de título como calidad pierden sus textos. Su última novela se había publicado dos años antes, en 2011, y necesitaba tiempo para hacer borrón y cuenta nueva. Quería cambiar de rumbo. Abandonar el camino que su narrativa había tomado e iniciar una andadura por senderos desconocidos.

Por desgracia —y, en cierta manera, también por suerte—, la recesión lo había desprofesionalizado, es decir, había hecho que ya no pudiera vivir de los *royalties*, adelantos y traducciones, obligándolo a aceptar trabajos alimenticios y a dedicar su tiempo a algo tan odioso como conseguir dinero. Era, por tanto, un escritor sumido en una doble crisis: creativa y económica. Se podría decir que las circunstancias lo habían devuelto a la casilla de salida: no sabía qué camino tomar en el terreno de la escritura, no sabía si las editoriales le harían caso, no sabía si llegaría a final de mes. Lo mismo que un escritor primerizo, un autor fracasado, un letraherido de toda la vida. Y eso, precisamente eso, era lo que ponía todo un universo de posibilidades a sus pies.

Lo primero que hizo fue ponerse a estudiar. Se pasó cuatro años leyendo todo tipo de libros y autores, buscando nuevas formas de narrar, analizando la estructura de las ficciones que caían —a menudo de un modo azaroso— en sus manos… Y ocurrió lo que suele ocurrir cuando uno se pone a leer de un modo desprejuiciado: descubrió que los clásicos son los mejores. Así fue como quiso dejar la narrativa más bien experimental que venía cultivando hasta la fecha y lanzarse a escribir una novela al más puro estilo Charles Dickens: muchos personajes, mucha ficción, muchos diálogos. Volver, en definitiva, al siglo XIX.

Se puso manos a la obra. Escribiría la gran novela sobre la Transición en Barcelona. Recabó testimonios, rebuscó en archivos, recorrió calles. Y, después de una investigación de lo más rigurosa, se sentó ante el ordenador. Estaba eufórico; al fin un libro gordo entre manos. Pero, a los cuatro años —repito: a los cuatro años—, se dio cuenta de que su proyecto no funcionaba, de que había un problema de verosimilitud, de que la ficción ahogaba a la realidad, y tiró el manuscrito a la basura y empezó a estudiar de nuevo.

Leyó a otros autores, profundizó en géneros nuevos, buscó soluciones teóricas. Hizo varios intentos: la metaliteratura, la no ficción, la novela híbrida… y nada. Por supuesto, entró en una época oscura. Llevaba más de un lustro sin publicar y había caído en un bloqueo creativo. Se sentía derrotado, se veía a sí mismo como una persona infecta, se daba hasta un poco de asco. El «caso Eduard Márquez» se hizo famoso en Barcelona y la Fundació Romea lo invitó a subir al escenario para hablar de su bloqueo. La gente aplaudió estruendosamente a alguien que reconocía estar en un pozo.

Entonces, recordó el artículo de Enrique de Hériz, aquel texto en el que invitaba a sus colegas a mandarlo todo al garete y a refugiarse en el rincón más oscuro del alma. A escribir, al fin y al cabo, desde la parte salvaje de su cuerpo. Márquez decidió hacer caso a su amigo y probó suerte con una estructura de lo más absurda: una novela sin narrador. Y funcionó.

Eduard Márquez escribió *1969* (Navona, 2022), su «novela salvaje», porque no tenía nada que perder. Sus libros ya no se vendían, los críticos ya no prestaban atención a su trabajo, los lectores ya se habían olvidado de él. Era el momento de liarse la manta a la cabeza y dar rienda suelta, pero suelta de verdad, a la imaginación. El momento de olvidar «la comodidad de publicar» y de levantar un libro que, ventas al margen, te permita ir a la tumba sabiendo que, al menos una vez en la vida, le tomaste el pulso al riesgo.

26 de julio de 2023

Ignacio Martínez de Pisón

El cementerio de los fragmentos huérfanos

Ignacio Martínez de Pisón es un hombre normal. Ha levantado una obra que sobrepasa los veinte títulos con apenas un bolígrafo Bic y un cuaderno Centauro. De hecho, la habitación en la que escribe es tan sencilla que el párrafo más corto sería largo para describirla: una mesa de pino que no ha cambiado en treinta años porque le da pereza vaciar los cajones, una batería de librerías BILLY con las baldas más atiborradas que la panza de Ignatius Reilly, un ordenador que no sería extraño que todavía funcionara con Windows 95 y unas vistas tan emocionantes como puedan ser las de las ventanas de la acera de enfrente. En resumidas cuentas, un despacho estilo IKEA que, si no fuera por las columnas de libros que se levantan desde el suelo y por la cantidad de recortes de prensa que hay sobre el escritorio, podría pertenecer a cualquier ciudadano a quien hubieran mandado a casa a teletrabajar.

En realidad, este maño afincado en Barcelona considera contraproducente que los escritores se rodeen de un aura de misterio. Cree que la única forma de describir el mundo pasa por habitarlo de un modo sencillo, sin estridencias ni postureos ni nada que se le parezca, y no pierde ni un segundo tratando de vender una imagen de sí mismo que no sea la de un tipo que se toma la vida con calma. Él lo hace y le funciona. Por las mañanas, ni siquiera escribe. Prefiere leer periódicos, contestar correos electrónicos y practicar los tres idiomas que maneja (inglés, italiano y francés) haciendo ejercicios en alguna página web. A las dos en punto come, y treinta minutos después se sienta a escribir. Lo hace hasta las seis de la tarde, que es la hora en la que antiguamente iba a buscar a sus hijos al colegio, y luego sale a correr por el barrio, queda con un amigo para tomar una cerveza o se acomoda en el sofá para leer. Así pues, un horario laboral más bien corto que defiende alegando que, si con esta estructura vital ha conseguido publicar tantos libros, para qué va a cambiarla. Y razón no le falta.

Ahora bien, hay una verdad que sólo los autores conocen y que Martínez de Pisón comparte con nosotros: cuando uno está escribiendo, la forma de pensar cambia. Es un lugar común decir que las buenas novelas son más inteligentes que sus creadores y, aunque la frase sea un tópico, no puede negarse su autenticidad. De manera que cada día, durante tres horas y media, Martínez de Pisón es una persona distinta. La simplicidad de los objetos que lo rodean desaparece durante ese espacio de tiempo y, por así decirlo, las estanterías LACK, las librerías BILLY y los armarios PAX se convierten en lámparas de araña, sillas isabelinas y cómodas *art déco*. Es la magia del oficio. Una magia que hace que muchos autores, igual que le ocurre a él, lean lo que han escrito durante la jornada y se sorprendan de la belleza que ha salido de ellos. Porque escribir, queridos lectores, es ser otro.

Precisamente por eso, nunca borra lo que sus dedos han tecleado. Teme que al día siguiente no se le ocurra nada mejor y, en vez de eliminar los párrafos que no acaban de encajar en la historia, los copia en el portapapeles y los pega en la última página del documento de Word en el que escribe su novela. Así, en el manuscrito original y después de la palabra «Fin», hay un montón de párrafos que, aunque han sido descartados, brillan por sí mismos. Son destellos puntuales, estrellas fugaces, aullidos dispersos que nadie escuchará jamás, pero que, si los juntáramos, compondrían un cementerio de fragmentos huérfanos que ya quisiera más de uno visitar. Pero eso, ¡ay!, eso forma parte de una historia de la literatura que nunca nos permitirán leer.

14 de julio de 2021

Cristina Rivera Garza

Los tópicos de hoy

Cuando alguien preguntaba a Juan Rulfo por qué no escribía más libros, él siempre respondía lo mismo: «Lo que pasa es que yo trabajo». Realmente, el mexicano era un hombre que se levantaba por la mañana, lustraba sus zapatos y se iba a la oficina. Primero, a la de la compañía de neumáticos Goodrich-Euzkadi y, después, a la de la Comisión del Papaloapan. Para él, eso era trabajar. Y lo de escribir, bueno, lo de escribir era otra cosa.

Cristina Rivera Garza ha reflexionado mucho sobre la respuesta que solía dar su coterráneo. Tantas que incluso escribió una no ficción, *Había mucha neblina o humo o no sé qué* (Random House, 2016), en la que trataba de sonsacar todas sus implicaciones. La conclusión a la que llegó es que las palabras de quien considera su maestro generan una pregunta fundamental para la comprensión de la historia de la literatura: ¿se puede entender la obra de un autor sin analizar las condiciones de vida en las que la escribió? Evidentemente, la respuesta es no.

Pero no sólo publicó aquel libro, sino que además se puso manos a la obra para impedir que ningún otro escritor volviera a decir jamás que su actividad literaria no era realmente un trabajo. De manera que cogió las maletas, se plantó en la Universidad de Houston y convenció a los rectores para que apoyaran la creación del primer doctorado de escritura creativa en español de todo Estados Unidos, segundo país con la mayor comunidad hispanohablante del mundo que, sin embargo, carecía de un plan académico de esas características. Así pues, en 2017, y mientras Donald Trump eliminaba el castellano de la página web de la Casa Blanca, la mexicana inauguraba un posgrado que no sólo habría de concentrar toda la energía creativa de la lengua española, sino que además habría de poner los pilares de un nuevo tipo de escritor: el del siglo XXI. Porque, según cree Rivera Garza, una forma distinta de enseñar el oficio generará necesariamente un nuevo tipo de literatura.

En su opinión, el escritor del mañana ya no será un varón de clase alta que se pasa el día encerrado en su torre de cristal, ni tampoco un señor cargado de manías que necesita tener una rosa amarilla sobre su escritorio o que ordena a su esposa que sólo entre en su despacho para servirle el té de las cinco. Nada de eso quedará en el futuro. Porque los auténticos autores del mañana rechazarán todos los tópicos que envuelven a la profesión e incluso les parecerá inconcebible que todavía haya compañeros que sigan hablando de la inspiración, del genio particular o de cualquiera de esas chorradas derivadas de una visión romántica del oficio.

En el posgrado impulsado por Cristina Rivera Garza enseñan a los alumnos que el concepto de aislamiento creativo es una reliquia del pasado y que los nuevos escritores habrán de tener, por fuerza, una visión comunitaria de su actividad. Los artistas plásticos ya aprendieron durante el Renacimiento que era mejor montar un taller con aprendices que pasar el día encerrados en una habitación, y abandonaron la soledad como forma de trabajo. Sin embargo, la literatura se resiste a esta idea. De hecho, se podría decir que es la única disciplina artística que continúa aferrada a conceptos tan añejos como el de aislamiento, sufrimiento, locura o incluso alcoholismo, y que a lo largo de los siglos ha defendido esos términos con tanta vehemencia que hoy se necesita una espátula para desincrustarlos de la sociedad.

Además, las voces más jóvenes —o más avanzadas— de la literatura contemporánea empiezan a asumir un argumento hasta ahora inédito en la profesión: el aislamiento conduce a la precariedad.

Los escritores se han dado cuenta de que el concepto de soledad creativa es una trampa puesta por el mercado para explotarlos a placer. Porque vivir lejos del mundanal ruido puede ser muy inspirador, pero impide la comunicación entre colegas y, en consecuencia, la comparación de la realidad laboral a la que los distintos mercados los tiene sometidos.

Cristina Rivera Garza es una de las máximas representantes de esta nueva forma de pensar el oficio y hace todo lo que está en su mano no sólo por erradicar los arquetipos románticos con los que los alumnos llegan a su aula, sino también por hacerles entender que la profesión a la que aspiran, la de escritor, tiene un poder político extraordinario. Quiere que los chicos y chicas que se inscriben en su doctorado dejen de concebir su trabajo como una forma de lanzar obras de arte al mundo para luego ver qué pasa y que empiecen a verlo como uno de los artefactos más subversivos de cuantos existen en la actualidad, como una forma francamente eficaz de alterar el *statu quo*, como una vía de comunicación directa con todas esas individualidades (los lectores) que conforman la sociedad. El día en que los autores se vean a sí mismos como armas de intervención política, concluye Rivera Garza, la profesión adquirirá el rango que sin duda merece.

Por supuesto, es absurdo preguntar a esta autora por sus fetiches, sus manías y sus horarios de trabajo. Considera que todo eso son tonterías que nada tienen que ver con el oficio y, para dejar clara su posición, pone el ejemplo de un albañil que le dijera a su jefe de obra que hoy no sube al andamio porque le falta inspiración. Hace años, cuando era joven y, por tanto, cuando no tenía la cabeza puesta en el futuro, Rivera Garza creía que sólo podía escribir con una determinada intensidad de luz y, cuando buscaba una nueva casa a la que mudarse, andaba siempre obsesionada con la ubicación de las ventanas. Todo eso quedó atrás. Ahora escribe en cualquier sitio, donde la vida se lo permite, sin sentirse oprimida por unas circunstancias externas que, en realidad, nunca jamás tuvieron nada que ver con la profesión. Porque mirar el oficio de escritor desde una perspectiva romántica es hermoso, francamente hermoso, pero también es un truco pensado para impedir que escribamos.

6 de octubre de 2021

Montero Glez

El eterno insatisfecho

Montero Glez escribe en cuadernos cosidos con hilo porque el salitre corroe las espirales con las que fabrican los del otro tipo. Es lo que tiene vivir frente al mar: que puedes buscar la inspiración en el estallido de las olas contra los diques, pero que has de ser cauto con los objetos de metal que metes en la mochila.

Cada mañana, y en verdad también cada tarde, Roberto Montero González, que es como verdaderamente se llama, se adentra descalzo en las playas de Cádiz y echa a andar por la orilla hasta que el cuerpo le pide que pare. Es paseando como a este hombre se le ocurren las cosas y, a medida que avanza por el litoral, el ciudadano Roberto Montero González se va transformando en el escritor Montero Glez, hasta que llega un momento en que las ideas le oprimen tanto el cerebro que no le queda otra que sentarse en la arena, sacar un cuaderno de esos que cosen con hilo y ponerse a escribir.

A este hombre no le gustan las interrupciones. Pero, claro, trabajar en la playa, a la vista de todos, incita a que los amigos se acerquen y le griten: «¡Eh, Roberto, ¿en qué andas ahora metido?!». Los hay que incluso se sientan a su lado y escudriñan en la libreta como quien lee el periódico de su vecino en el metro. Siente como si le robaran algo, como si abrieran la puerta del lavabo cuando él todavía está dentro. En otro tiempo, cuando escribía con la rabia de un pez luchando contra el anzuelo, habría mandado al garete a quien osara meter la nariz en sus textos, pero hoy es un hombre tranquilo que sólo mira a su interlocutor y le pide que lo deje disfrutar del silencio.

Él sólo quiere escribir, escribir constantemente, si puede ser escribir con los impresionistas franceses como música de fondo. Por lo demás, continúa construyendo sus novelas con el método de siempre, con esa manía de juventud de redactar siete borradores por manuscrito, una costumbre que robó a García Márquez, en su opinión el Camarón de la Isla de la literatura universal, y que le sirve para no volverse loco corrigiendo sus propios textos. Porque estamos ante un «eterno insatisfecho» que, si no se impusiera límites, podría revisar y revisar y volver a revisar su siguiente novela hasta el final de los tiempos.

El primer borrador lo escribe a mano, con un bolígrafo BIC de cuatro colores y una libreta por capítulo. Trabaja todos los días de la semana porque no quiere tener después que suturar los textos, y cuando llega al final transcribe el texto en pantalla para irlo corrigiendo. Y sólo cuando llega a la quinta versión, inicia lo que llama la «decoración de interiores». El trabajo previo concernía a la arquitectura, a la elaboración de personajes y a la voz y el estilo, pero ahora ya tiene un edificio sólido y toca pintar y amueblar y ordenar las habitaciones.

A Montero Glez no le gustan los relojes ni los calendarios, así que calcula el tiempo invertido en cada novela por estaciones. Una la escribió en tres primaveras, otra en dos inviernos y la de ahora tal vez se lleve dos otoños y medio. Dice que trabaja como un «hijo de Satanás» y el mote nos viene al dedillo para recordar que, en sus inicios, cuando irrumpió en el mundillo editorial, le colgaron la etiqueta de escritor maldito, de malote de la narrativa española, de francotirador que dice verdades como puños. Aquello le dio cierta visibilidad, sí, pero también hizo que muchas personas se fijaran antes en su estilo de vida que en la calidad de sus textos. Y fue por eso que, pasado algún tiempo, quiso quitarse el sambenito que los periodistas le habían colgado. Pero, ¡ay!, cuando la prensa te encasilla, luego no puedes desmarcarte, so pena de que los plumillas se sientan ofendidos y te hagan de pronto el vacío.

Ahora ya es un autor maduro. Uno que ha comprendido que, cuanta más visibilidad tienes, más energía pierdes, y que lo más importante en su profesión es el silencio. Por suerte, no todo el mundo lo vio únicamente como un escritor maldito. Muchos lo leímos con ahínco, quedamos fascinados con su prosa de miniaturista y, cuando en la actualidad tropezamos con alguno de sus títulos en una librería, pensamos que no todo el mundo puede jactarse de haber construido un edificio al que no le ha afectado el salitre del tiempo.

Así pues, si ven a Montero Glez caminando por la orilla, salúdenlo desde lejos y no lo molesten. Que los escritores que un día mordieron tienen por siempre la mandíbula fuerte.

17 de mayo de 2023

Mariana Travacio

El periodo festivo

Mariana Travacio escribe con vino y corrige con café. Durante cuatro meses al año, normalmente de septiembre a enero, redacta el primer borrador de su nueva novela y, como en esta fase del proceso lo que prima es la imaginación, alimenta su creatividad con un cabernet de los buenos. Se sirve la copita a las seis de la tarde, que es cuando se encierra en su estudio para trabajar, y la saborea hasta las seis de la mañana, que es cuando su cerebro dice hasta aquí hemos llegado y exige su ración de sueño. Tomó la costumbre de acompañar la literatura con un tinto hace ya algunos años, en concreto cuando una amiga le regaló una caja de seis botellas de las bodegas Arístides, y como aquel día escribió del tirón un relato que le quedó perfecto, decidió que, a partir de entonces, siempre iluminaría sus neuronas con un buchito.

Pero, ojo, Travacio no se pasa el día empinando el codo. Ni mucho menos. Porque, después de esos cuatro meses de actividad exclusivamente creativa, sustituye el alcohol por la cafeína. Cuando ya ha concluido el primer borrador y, por tanto, cuando considera que la historia ya está al menos montada, inicia el proceso de corrección estilística y, como sabe que en esta etapa conviene prestar una atención absoluta, se bebe unas tazas de café tan cargadas que luego sus ojos parecen faros. Y, oigan, que no detecte una coma mal puesta, porque tiene los nervios tan crispados que podría pegar un bote y agarrarse a la lámpara.

Escribe el primer borrador del tirón porque dice que la voracidad le puede. Cuando decide arrancar un nuevo proyecto, entra en un estado de efervescencia que la lleva a aporrear el teclado durante doce horas seguidas. De hecho, hay días en que la pulsión creativa es tan intensa que ni siquiera puede dormir tranquila. Se acuesta a las seis de la mañana, de acuerdo, pero luego resulta que a las nueve abre bruscamente los ojos porque le ha sobrevenido una idea, y se abalanza sobre el ordenador, y añade la ocurrencia al texto, y se vuelve a meter en la cama, y al cabo de un rato se despierta de golpe otra vez, y vuelta a empezar. Así pasa los primeros cuatro meses esta escritora, con un horario de locos y una actividad nocturna de no te menees, y sólo consigue relajarse cuando ya ha armado el esqueleto de su narración y entra en ese periodo festivo que es para ella la corrección de estilo.

Tal vez la escritura compulsiva —y desordenada— que la caracteriza se deba a que no planifica nada antes de sentarse a la mesa. Se coloca frente al ordenador sin saber de qué irá la novela y avanza por el argumento con las mismas incertidumbres que si estuviera metida en un túnel con tan sólo un fósforo: no sabría en ningún momento qué tiene delante, únicamente vislumbraría aquello que está pisando, la rodearían las sombras y acaso el sonido de un goteo. Pues eso le ocurre cuando escribe, que avanza por el texto así, como a tientas, que desconoce el destino que la vida deparará a sus personajes, que sólo se preocupa por la escena que está concibiendo en ese momento.

Es más, la oscuridad que rodea a Travacio durante la primera fase de su trabajo es tan densa que ni siquiera le permite encontrar las herramientas que usó en sus otras novelas. Porque, como dice la autora de *Como si existiese el perdón* (Las Afueras, 2020) y *Quebrada* (Las Afueras, 2022), la desgracia de los escritores es que la literatura no es una ciencia que acumule conocimientos. La experiencia adquirida al escribir un libro no sirve para nada a la hora de construir el siguiente y todos los trucos del oficio aplicados en las ficciones anteriores se escurren entre los dedos como si no fueran más que puñados de arena. Es por todo esto que Mariana Travacio asegura que, cuando arranca un nuevo proyecto, se siente igual de desamparada que cuando era una autora novel, y se nos ocurre pensar que tal vez ahí es donde puede ser útil una copa de vino. Porque, oigan, hay momentos en los que uno necesita un empujoncito. Sobre todo cuando tiene que tomar la decisión de invertir un par de años de su vida en lo que puede acabar siendo un naufragio absoluto. La misma Travacio guarda en su ordenador una carpeta titulada «Empieces» en la que hay más de un centenar de novelas o cuentos desamarrados que, cosas de la mar, nunca llegaron a puerto.

20 de abril de 2022

Carolina Sanín

Las posibilidades de la oración

Carolina Sanín lleva tiempo pensando en montar un taller para formar a escritores de verdad. Sólo admitirá alumnos que se tomen realmente en serio la literatura, que sueñen con publicar novelas gran reserva y que renieguen de cualquier ambición comercial. A ellos, y sólo a ellos, les indicará el camino para, ventas al margen, convertirse en narradores cuyos textos contengan cuando menos una ligera vibración. Y, claro, le hemos preguntado qué enseñaría en ese curso tan especial. Para nuestra sorpresa, nos ha regalado cuatro consejos que tienen toda la pinta de funcionar. A saber:

Primer consejo: todo auténtico escritor ha de olvidar su propia identidad. Es decir, no por ser mujer escribirá sobre la maternidad, sobre el empoderamiento o sobre tres generaciones de una misma familia —léase abuela, madre e hija— que luchan contra el mundo patriarcal. Y no por ser colombiano construirá una historia protagonizada por un sicario, ambientada en el narcotráfico y dominada por la violencia. El mercado le exigirá ese tipo de ficciones, pero sólo se convertirá en un autor de verdad quien navegue a contracorriente y esquive la tendencia general.

Segundo consejo: todo auténtico escritor ha de ser consciente de la teatralización que conlleva su oficio. Esto no significa que deba comprarse un abrigo negro, consumir tabaco, alcohol y drogas y dejarse ver por los cenáculos de la ciudad, sino que tiene que ser siempre y en todo momento coherente con la idea de que, cuando se pone el sombrero de creador, deja de ser él mismo y se convierte

LA CORRECCIÓN

en alguien distinto. Alguien más profundo, sincero y puede que incluso oscuro que, sin embargo, sólo hace acto de presencia cuando nos sentamos ante la página en blanco y nos ponemos a trabajar con la máxima concentración. Y cuando ese «yo escritor» reemplaza al «yo ciudadano», entonces, y sólo entonces, brota de nuestra cabeza una voz, la voz del actor, que nos dicta las palabras del personaje más importante de todos: el narrador.

Tercer consejo: todo auténtico escritor debe analizar hasta la extenuación los lugares comunes que tanto abundan en la tradición literaria a la que se ha adscrito. Las frases hechas, los tópicos y demás elementos extraoracionales no son desechos retóricos que hayamos de descartar por definición, sino herramientas del lenguaje que sólo podremos manejar de un modo inteligente cuando los hayamos analizado con la suficiente intensidad como para extraer de ellos un jugo que nunca imaginamos que pudieran contener.

Y cuarto consejo: todo auténtico escritor ha de tener conciencia plena de las posibilidades que ofrece la oración, para lo cual está obligado a conocer los mecanismos que permiten armarla, los elementos que la constituyen, la forma en que el lenguaje le permite evolucionar… En otras palabras: todo auténtico escritor ha de sentir amor gramatical. Esto no significa seguir al pie de la letra los manuales publicados por la RAE, sino profundizar en los valores intrínsecos a la lengua que manejamos, en los resortes que posee para distinguirse de las demás y en las peculiaridades que le otorgan su única e intransferible personalidad.

Estos son los cuatro puntos que Carolina Sanín ha compartido con nosotros y, aunque no nos ha desvelado los demás, sí nos ha resumido la esencia del taller que quiere impartir. Porque, igual que los diez mandamientos quedan englobados en la frase «Amarás a Dios sobre todas las cosas y al prójimo como a ti mismo», los consejos de esta autora colombiana también pueden ser condensados en una única oración: «Recordarás que escribir es pensar con lentitud». Si somos conscientes de que nuestro trabajo no es otra cosa que una forma de ralentizar el tiempo, si tenemos realmente esto claro y no lo olvidamos durante todo el proceso creativo, será muy difícil, por no decir imposible, que entreguemos a nuestro editor una novela que carezca de sustancia. Palabra de Sanín; te adoramos, Carolina.

8 de marzo de 2023

Juan Tallón

Contra el estado ideal de trabajo

A Juan Tallón lo persigue la muerte. Cada vez que arranca una novela, se emparanoia con la posibilidad de fallecer antes de terminar la primera versión y, como no quiere estirar la pata con la historia todavía metida dentro, escribe el borrador inicial con tanta urgencia que es capaz de terminarlo en tan sólo un mes, a lo sumo dos.

Durante ese periodo, se levanta a las seis de la mañana y arranca una jornada laboral de horarios predemocráticos, es decir, nada de siete u ocho horitas y después a tomar unas cañas con los amigos, sino maratones de doce, trece o hasta catorce horas que sólo interrumpe para atender a esa hija de seis años que nada sabe de literatura pero que todo lo domina sobre juergas. Sin embargo, incluso en esos ratos de esparcimiento, mientras corretea por la casa con la niña o mientras le enjabona el pelo en la bañera, está pensando en su novela, y tanto provecho quiere sacarle al tiempo que, por las noches, justo antes de cerrar los ojos, mete el teléfono bajo la almohada, no sea que sueñe con una frase y luego no tenga donde anotarla.

Con todo, no es un hombre que pueda estar demasiado rato quieto. En su interior hay una cuerda que vibra constantemente y, cada veinte minutos, siente la necesidad de abandonar su mesa, coger el portátil y buscar otro lugar de la casa donde seguir escribiendo, ya sea el suelo de la cocina, ya la bañera vacía. Se mueve de un lado a otro porque tiene algo así como un baile de san Vito intelectual, pero también porque se ha autoimpuesto la norma de dejar de escribir cuando el texto fluye con demasiada facilidad. Y es que Juan Tallón es de esos autores que rechazan el estado ideal de trabajo. Cuando percibe que las palabras caen sobre la página en blanco como gotas de lluvia sobre el asfalto, cuando tiene la sensación de que las oraciones se encadenan como los invitados de una boda bailando la conga, cuando en definitiva descubre que son sus dedos los que escriben y no su cerebro, levanta las manos del teclado y cambia de entorno. Considera que todo lo que se redacta con facilidad es por definición malo, motivo por el cual se castiga a sí mismo rechazando aquello que le sale de un modo natural y optando por complicarse la vida con la única finalidad de conseguir que ese borrador no sólo sea un artilugio eficaz, sino también una máquina de precisión cuyo ingeniero haya pensado hasta el último de los acentos.

Es más, cuando relee lo que ha escrito y detecta alguna oración sumamente hermosa, la tacha. No quiere frases que sean en sí mismas hermosas porque sólo le interesan las que colaboran con el conjunto del texto. Los grupos sintácticos que se deleitan en su propia belleza perjudican al resto del libro del mismo modo que los deportistas con el ego inflado dificultan el éxito de todo el equipo y, aunque tachar esas oraciones provoque un dolor infinito, es el mejor regalo que un autor puede hacer a sus lectores.

Así es como compone el primer borrador Juan Tallón: con prisas y normas de estilo. Y cuando al fin pone el punto final, levanta la vista y descubre que el mundo sigue girando tras la ventana. Ha vencido a la muerte una vez más y, aunque la novela todavía requiere trabajo, ahora ya puede tomarse un descanso. De hecho, en este momento del proceso creativo se siente tan invencible, cree tener una salud tan férrea, está tan seguro de que ninguna guadaña lo rozará que incluso se atreve a guardar el manuscrito y olvidar su existencia durante meses. Ahora bien, esos folios no los mete en cualquier sitio, sino en uno muy especial.

Un par de décadas atrás, su padre le regaló el mueble más importante en la vida de un narrador: el escritorio. Quería demostrarle que confiaba en su capacidad para convertirse en un gran literato y talló con sus propias manos una mesa de nogal de trescientos quilos. Entre otras peculiaridades, el armatoste tiene tres cajones, en uno de los cuales el progenitor engastó la misma cerradura que tenía el poeta gallego Manuel Núñez González en su propio escritorio. Y es precisamente en esta gaveta donde nuestro autor guarda, bajo llave de hierro, los manuscritos que más adelante, cuando le apetezca, recuperará para corregirlos tantas veces como sea necesario con el fin de darnos después placer a nosotros, sus lectores.

1 de junio de 2022

Elvira Navarro

Desbastar el mármol

Si salen ustedes a dar un paseo por Alcobendas y encuentran a Elvira Navarro sentada en un banco, con las gafas de sol puestas y el móvil en la mano, no piensen que está manteniendo una conversación por WhatsApp o que anda malgastando el tiempo en Twitter. Porque lo que seguramente hace es corregir el manuscrito de su próxima novela o el cuento de su siguiente antología. La onubense afincada en Madrid vive obsesionada con la idea de que escribir es reescribir y, como se pasa el día revisando una y otra vez sus propios textos, ha elaborado todo un catálogo de métodos para convertir en entretenido lo que, de tan repetitivo, puede llegar a ser un tormento. Usar la aplicación de Word del teléfono es uno de esos trucos. Pero hay más. Muchos más.

Para empezar, no escribe sus libros de un modo lineal. No le gusta empezar por el principio ni terminar en el final. Prefiere redactar fragmentos sueltos que luego ya ensamblará. Trabaja de esta forma tan extraña porque se mueve por impulsos y, si un día siente la urgencia de construir la escena central de la novela, pues la construye y se queda tan ancha, y si a la mañana siguiente le da por redactar el primer párrafo de su ficción, pues va y lo redacta, y si ese mismo día pero ya entrada la noche decide ponerse con la última frase de la historia, pues compone esa oración y aquí no ha pasado nada. Y cuando pasado algún tiempo descubre que tiene acumulados tantos cachitos de novela que ya no sabe dónde meterlos, pues se dedica a ordenarlos como si fueran las piezas de un

LA CORRECCIÓN

rompecabezas y sanseacabó. En otras palabras: la primera versión de cualquier libro de Elvira Navarro es un batiburrillo de escenas desordenadas, mientras que la segunda es el resultado de colocar esas mismas escenas en una línea temporal. Un lío de padre y muy señor mío, de acuerdo, pero el caso es que funciona. Y, si no lo creen, abran uno de sus libros y alucinen con la arquitectura.

Después de escribir y coser todo ese material, inicia la corrección estilística propiamente dicha, un proceso que en su caso recuerda al de un escultor desbastando un gran bloque de mármol. Imprime por primera vez el documento y se pone a eliminar palabras, frases y hasta párrafos enteros, y tanto empeño pone en esta purga sistemática de material sobrante que algunas de sus novelas vinieron al mundo con trescientas páginas, pero llegaron a la vida adulta con apenas ciento cincuenta. Si alguien tiene tan pocos conocimientos sobre el oficio de escribir que pregunta qué pasó con la mitad restante, le diremos que acabó en el útil de trabajo más práctico de cuantos puedan encontrarse en la mesa de un escritor o, mejor dicho, bajo esa misma mesa: la papelera.

Pero no acaba ahí la cosa, puesto que, tras esta primera corrección de estilo, viene la segunda, y la tercera, y la cuarta, y sabe Dios cuántas más. Navarro es de la vieja escuela y le gusta corregir en papel. Así que imprime el manuscrito de nuevo, coge un bolígrafo y se pone a tachar, añadir y trasladar parágrafos enteros. Después integra los cambios en el documento original y, antes de imprimirlo de nuevo, le cambia el formato. La autora repetirá esta operación un montón de veces, pero en cada ocasión el grafismo tendrá un aspecto distinto. Por ejemplo: si hoy imprime con tipografía Times New Roman y cuerpo 12, mañana lo hará con Calibri y cuerpo 9 y pasado con Cambria y cuerpo 11; y si ahora aplica interlineado 2, después será el 1 y más tarde 1,5; y si en este momento decide sacar el texto corrido, luego lo diseñará en dos columnas y a la otra puede que sin alineado… Está convencida de que la percepción visual que tenemos de un libro no sólo influye en el modo en que nos relacionamos con su contenido, sino también en el empeño que pondremos a la hora de corregirlo. De ahí que vaya probando las distintas combinaciones estéticas que ofrece el programa informático y, cuando se enfrente a la sexta, séptima u octava lectura del manuscrito, al menos éste tendrá un aspecto desconocido.

Es esta búsqueda un tanto obsesiva de nuevos formatos que le permitan corregir la novela como si fuera la primera vez que se enfrenta a ella la que la ha llevado a descubrir que no hay plataforma más útil para captar las erratas, las repeticiones y las cacofonías que el teléfono móvil. En la pantalla de uno de estos dispositivos la página de Word aparece tan comprimida y las palabras permanecen tan juntas que, en su opinión, los fallos estilísticos saltan a la vista con una facilidad asombrosa. De manera que en la actualidad, cuando Elvira Navarro se cansa de estar en su despacho, sale a la calle con ese aparato al cien por cien de batería, busca un banco en el que pasar la tarde y se pone a corregir un texto tantas veces pulido que, oigan, a veces hasta deslumbra. Tal vez ese sea el motivo por el que siempre lleva gafas de sol. Quién sabe.

18 de mayo de 2022

Laura Chivite

El alma de los textos

Una de las preguntas más habituales en los talleres de escritura creativa concierne al asunto del alma de los textos. Los alumnos quieren saber cuántas veces hay que corregir un manuscrito antes de enviarlo al editor y se decepcionan al descubrir que, a este respecto, hay una clara división de opiniones. Unos profesores defienden que hay que revisarlo en tantas ocasiones como haga falta para alcanzar la perfección, mientras que otros recomiendan no tocarlo demasiado para que no se pierda la frescura, la ingenuidad, la fuerza perceptible en la versión inicial.

Laura Chivite pertenece al segundo grupo, al de los escritores que creen en el encanto que todo tiene al nacer, que consideran que no hay nada como la primera vez, que siempre sospechan de quienes cubren en exceso su desnudez. Es más, en su opinión, ningún borrador tocará tanto la fibra del lector como el inaugural, siempre y cuando haya sido escrito con atención plena y conciencia de su valor. Porque, según dice, si uno se concentra de verdad en el trabajo, podrá corregir los textos a medida que los escribe y, cuando haya puesto el punto final a la primera versión, bastará con un escobazo para darla por concluida y mandarla al editor. Su novela más reciente, por ejemplo, la pensó durante tres meses, la escribió durante nueve y la revisó durante un par de semanas. Y le quedó la mar de bien.

Sostiene Chivite que el mayor defecto de un escritor es, sin lugar a dudas, el perfeccionismo. Pensar la primera frase mil veces, reescribir los párrafos de un modo obsesivo, revisitar los capítulos hasta ser capaz de recitarlos de memoria son, entre otros defectos, vicios en los que no hay que caer. En este sentido, el *bloqueo* no sería más que la búsqueda enfermiza de la perfección o, lo que es lo mismo, la aceptación inconsciente de que nunca se podrá alcanzar.

El perfeccionismo es el masoquismo de los creadores. Quienes lo persiguen no disfrutan escribiendo, sino que sufren y sufren, y aun así no cejan en su empeño. Se levantan cada mañana sabiendo que invertirán toda la jornada en una única frase y que al día siguiente la borrarán. Ante esta situación, cualquier persona sensata cambiaría de profesión, pero los sufridores de la literatura confían ciegamente en que el martirio los conducirá hasta el Santo Grial y dejan pasar la vida sin, en realidad, disfrutar con su labor. Es más, cuando algún colega asegura que escribir es algo divertido, liberador, placentero, ellos lo miran con desprecio, se levantan de la silla y se alejan convencidos de que no estaban ante un auténtico escritor, sino ante un diletante más interesado en los oropeles del oficio que en el arte en sí. Después se encierran en su despacho, encienden el ordenador y se ponen a trabajar con un ojo en el reloj y otro en la soledad.

Laura Chivite trabaja duro, sí, pero de un modo racional. Le mete dos horas al día, a lo sumo tres, y siempre al atardecer. Por las mañanas no escribe, prefiere «calmar el cuerpo» paseando por la ciudad o nadando en la piscina, sin dejar por ello de pensar ni un segundo en la novela que tiene entre manos. Por la tarde se encierra en la biblioteca de su barrio o se echa en la cama de su habitación —siempre en decúbito supino, con un cojín en el estómago y el portátil encima de ese almohadón— y se pone a escribir.

Hay en todo este asunto del alma de los textos lo que ella llama la «paradoja de la compensación», según la cual no por corregir más, se obtiene un resultado mejor. De hecho, todos hemos leído libros que, aun estando perfectamente escritos, aun siendo sintácticamente redondos, aun luciendo un vocabulario preciso, nos han sumido en un sopor contra el que resulta imposible luchar. Y, de igual modo, todos hemos devorado novelas que, estando objetivamente mal escritas, incluso fatal escritas, me atrevería a decir que tan pésimamente escritas que daban ganas de destripar al autor, nos han atravesado el corazón. Y esto ocurre porque el perfeccionismo, queridos amigos, no sólo no es sinónimo de calidad, sino que puede ser su antónimo ideal.

Inédito

IV

La publicación

Manuel Vicent

La utilidad marginal del tiempo

Primera consideración de Manuel Vicent: el que se sienta ante el ordenador cuando le sobreviene una idea es claramente un escritor dominguero, y al que le sobrevienen las ideas cuando ya está sentado ante el ordenador es un escritor profesional. Es más, hay que evitar a toda costa el comportamiento dominguero: prohibido llevar encima un cuaderno para anotar las ocurrencias que tengamos en la calle, prohibido dar la turra a los amigos con las menudencias de nuestro proyecto, prohibido pensar en la novela cuando se está ejerciendo la vida.

Segunda: todo manuscrito debe ser sometido al «vibrador universal». Por si hace falta aclararlo, el vibrador universal no es un objeto con finalidad sexual, sino un método de trabajo pensado para perfeccionar el arte de narrar. Se trata de una técnica mental que nos permite sacudir la novela en la que estamos trabajando y eliminar las palabras, frases y escenas que imaginamos cayendo. Porque todo eso sobra, así de claro. Este método sirve con los árboles cuyos frutos están ya maduros, con las catedrales afectadas de una ornamentación excesiva y con los textos cuya belleza ha quedado sepultada bajo un montón de escombros decorativos.

Tercera: toda idea mala se convierte en buena gracias a la presión del tiempo, motivo por el cual es aconsejable tener a alguien, preferiblemente a un editor, que nos espolee a poner el punto final. A esto lo llama Manuel Vicent «utilidad marginal del tiempo». En economía, la «utilidad marginal» de un determinado producto es el aumento o la disminución del beneficio que obtenemos al consumir una unidad más del mismo producto. Un ejemplo: el provecho que nuestro organismo saca de ingerir un único plátano es mucho mayor que el que saca al comerse el décimo. Por tanto, en literatura, y siempre según el valenciano, la «utilidad marginal del tiempo» sería el provecho que un escritor deriva de la jornada laboral a medida que el calendario avanza y la fecha de entrega se acerca. Cuanto menos tiempo, más producción, y lógicamente lo mismo a la inversa. Pero esta ley no sólo afecta a la cantidad de páginas que uno cierra a lo largo del día, sino también a su calidad. Porque, a menor plazo de entrega, mayor creatividad en la mente del escritor. Y esto es cierto.

Cuarta: el perfeccionismo puede ser paralizante, pero también energizante. Manuel Vicent siempre tiene la sensación de que alguien escribió en el pasado lo mismo que él está escribiendo en el presente, y de que encima lo hizo mejor. Por supuesto, esto lo lleva al permanente convencimiento de que su trabajo es absurdo, de que está perdiendo el tiempo y de que podría estar haciendo cosas mucho más divertidas. Por suerte, la fecha de entrega acordada con el editor —véase la tercera consideración— hace que siga avanzando y, al final, que termine el libro. Si no estuviera acorralado por ese *deadline*, es posible que dedicara un año, un lustro o una década a arreglar el mismo párrafo y que, por tanto, no publicara ni siquiera un artículo. Ahora bien, el perfeccionismo no siempre es algo negativo, porque también es la mejor escuela de estilo que un autor pueda tener. Manuel Vicent recuerda que, cuando escribía a máquina, no soportaba las erratas en el folio. Si se pasaba una hora rellenando una cuartilla con palabras y más palabras, y en la última línea golpeaba una tecla equivocada, haciendo que, por ejemplo, pusiera «caxa» en vez de «casa», le invadía tal oleada de angustia que no podía más que sacar la cuartilla del rodillo, ponerla sobre la mesa y transcribirla de nuevo entera, ocurriendo en muchas ocasiones que se le volvía a escapar un dedo hacia el final de la copia y tenía que repetir por tercera, cuarta o hasta quinta vez la acción, lo cual ralentizaba enormemente el proceso creativo, pero al mismo tiempo incrementaba la calidad del texto, ya que, con cada nueva versión, el párrafo mejoraba un poco, hasta llegar el momento en que era casi perfecto.

Y quinta y última consideración: no hay que obsesionarse con el horario de trabajo. Vicent invierte dos horas por la mañana y una por la tarde, y si alguien piensa que la suya es una jornada breve es porque comete el error de creer que, cuantas más horas se trabaja, mejor es el resultado. De hecho, de todos es sabido que España es uno de los países europeos en los que más horas invertimos en eso de ganar el sustento, y sin embargo no es ni de lejos el que tiene un mayor rendimiento.

6 de septiembre de 2023

Manuel Longares

Las frases que se alargan

A finales de la década de 1960, en aquel Madrid herrumbroso de franquismo y colmado de potaje de garbanzos, todavía estaba de moda escribir en los cafés. Imaginen la escena: tres o cuatro autores repartidos por las mesas de un mismo local, con sus folios extendidos sobre el mármol y sus cigarros de liar pinzados en las muescas de los respectivos ceniceros. Las cabezas, por supuesto, apoyadas en una mano, y unos lápices más cortos que el pulgar de un niño entre los dedos de la otra. De vez en cuando, se miraban entre ellos. Lo hacían de un modo esquivo, podría decirse que rencoroso, todos pensando que los otros frecuentaban ese establecimiento tan sólo para dejarse ver. Pues, en aquel tiempo de tertulias en decadencia y censores a las puertas del paro, un escritor que quería medrar no sólo debía entregar un buen manuscrito a su editor, sino que además había de mostrarse ante el mundo en permanente actitud intelectual. Tenía, en definitiva, que posturear.

Cuando era joven, Manuel Longares se sumó a la costumbre de trabajar a la vista de sus colegas. Cada mañana, después de desayunar y de apretarse la corbata, cogía sus bártulos y se dirigía a una de esas cafeterías con solera literaria que tanto abundaban en el centro de Madrid. Allí escribía durante un par de horas y, cuando volvía a su apartamento, releía esas páginas y se desesperaba. Siempre eran textos sin pies ni cabeza, borradores que inevitablemente habría de tirar a la papelera, las típicas páginas que no darías a leer ni a tu peor enemigo. Fue en aquel tiempo cuando España enten-

LA PUBLICACIÓN

dió que eso de escribir en los bares sólo servía para ligar. Y la práctica cayó en desuso. Desde entonces, los autores trabajan en casa, al menos los que se toman en serio el oficio, y muchos desconfían de los que dicen que pueden escribir en cualquier lugar.

En la actualidad, Longares construye sus novelas en su propio dormitorio. Ha instalado el ordenador en una mesita situada junto a la cama y por las mañanas tarda menos en sentarse a escribir que en ponerse las zapatillas. Nunca ha necesitado una habitación propia ni tampoco un rinconcito en el salón y le basta una pequeña biblioteca con libros de gramática y diccionarios de la lengua para levantar su propia obra. No hay a su alrededor ni fotografías de escritores, ni estilográficas con plumilla de oro, ni libretas de tapa dura. Sólo el portátil y la cama todavía por hacer.

Comienza a escribir a las ocho de la mañana y lo deja tres horas después. Dice que la cabeza no le da para más e incluso asegura que, de esos ciento ochenta minutos que dedica a la creación, sólo quince son realmente útiles. Se trata de un cuarto de hora de iluminación absoluta que no se da ni al principio ni al final de la jornada laboral, sino en un momento indeterminado, puede que a las 8.30, a las 9.18 o las 10.42, en el que, de repente, el autor entra en un estado de lucidez literaria que le permite, no sabe muy bien por qué, generar un párrafo que casi roza la perfección. Y todo en un cuarto de hora, quince minutos de oro, el ratito que justifica el trabajo de hoy. Durante el resto del día piensa en la novela, pero no de un modo activo, sino de la misma manera en que un afectado de trocanteritis piensa en su cadera: más como una molestia con la que quiere ya terminar que como una alegría que hace más agradable eso de vivir.

Sus novelas nacen de una atmósfera y de una frase inicial que se va alargando y retorciendo y reescribiendo hasta alcanzar el punto final. En cuanto a la atmósfera, bueno, la atmósfera es algo que viene del interior, una especie de manifestación por escrito de la propia personalidad, un ritmillo que uno lleva dentro y que sólo sale a relucir durante el proceso creativo. Algo que, además, nunca hay que traicionar. Longares lo hizo en cierta ocasión, cuando, después de publicar dos ficciones de corte experimental, escribió una tercera de talante realista para agradar a su editor. Le salió mal, claro, y nadie la quiso comprar. La travesía del desierto que tuvo entonces que afrontar, depresión y exilio interior incluidos, duró siete años, y sólo terminó cuando otra editorial le dio una segunda oportunidad y el madrileño retomó su obra ahora ya por siempre experimental. Juró que nunca más volvería a venderse a las tendencias del mercado y hoy aconseja a los jóvenes que jamás, en ninguna circunstancia, escriban al dictado de lo que dice un editor. Porque esto de crear es muy parecido a eso otro de enamorar: sólo lo conseguimos cuando nos mostramos de verdad.

22 de febrero de 2023

Alma Guillermoprieto

Perder las palabras

Cuando Alma Guillermoprieto daba sus primeros pasos en esto del periodismo narrativo, los directores de los periódicos con los que colaboraba echaban espumarajos por la boca. Aquella joven mexicana tenía la fea costumbre de iniciar sus textos con una descripción del paisaje, una evocación del ambiente o incluso una reflexión sobre la vida, relegando la información noticiosa a los párrafos intermedios. Nadie ponía en duda que sus introducciones fueran tan hermosas como poéticas, pero, ¡hombre!, los responsables de *The Guardian* y de *The Washington Post* se consideraban a sí mismos periodistas serios y, en consecuencia, no podían permitir que sus reporteros se fueran por las ramas. Así pues, cuando llegaba un artículo de aquella novata, los directores arrancaban la hoja del teletipo, descapuchaban el rotulador negro y, tras una lectura en diagonal, tachaban los primeros párrafos. Al resto de los colaboradores, como siempre ha ocurrido, les cortaban los últimos párrafos cuando entregaban originales demasiado largos para el espacio asignado. Pero a ella… a ella le robaban los principios.

Antes de lanzarse al ruedo periodístico, había sido bailarina profesional, pero la danza es una profesión que no perdona la edad y hacia los treinta años cambió las zapatillas de media punta por los cuadernos franceses, convirtiéndose con el paso del tiempo en una de las periodistas narrativas más importantes de finales del siglo xx y principios del xxi. En sus orígenes como reportera, cubrió la revolución sandinista y la masacre de El Mozote (El Salvador), y todos esos artículos los redactó en el asiento de un coche que brincaba por alguna carretera polvorienta, en la cantina de un bar de contrachapado construido en un pueblo perdido en la selva o en la parada del autobús que habría de llevarla hasta el hotel donde le esperaba el télex. Sí, trabajó en los lugares más incómodos del planeta y hoy, cuando le preguntan por su método laboral, asegura que prefiere escribir en los hoteles. ¿Por qué? Pues porque son ambientes neutros, libres de obligaciones caseras y alejados de elementos disruptivos, y también porque le recuerdan a esos no lugares desde donde envió sus primeras crónicas.

Alma Guillermoprieto nunca ha tenido horarios laborales. Ha intentado establecerlos cientos de veces, pero siempre termina escribiendo cuando ya no puede postergar ni un segundo el envío del texto. La fecha de entrega ha sido su único calendario de trabajo y hay que reconocer que, en este punto, coincide con sus colegas, tanto con los que reciben el Pulitzer como con los que redactan los horóscopos. Siempre ha respetado la hora de cierre y lo ha hecho de un modo tan estricto que, cuando le encargaron su primer libro, cometió el error de suponer que, en el mundo editorial, las cosas eran igual de inflexibles. Recuerda, a sus setenta y tres años, lo mucho que sufrió con el *timing* concedido para escribir *Samba* (Vintage Books, 1990) y a continuación confiesa que, con el tiempo, descubrió que los libros no se rigen por las mismas normas que los artículos, es decir, que no se entregan cuando el editor quiere, sino cuando el autor lo considera oportuno.

Ahora ya no escribe a diario. Dice que ha perdido la voracidad que antes tenía y, cuando uno le pregunta por el motivo de semejante inapetencia, responde que no se debe a la edad, sino a lo que los ingleses llaman «loose your legs», expresión que sintetiza lo que les pasa a los periodistas cuando, de tan acostumbrados como están a cubrir un determinado tipo de noticias —guerras, elecciones o presentaciones de libros, que también—, son capaces de predecir las respuestas que obtendrán en cada una de sus entrevistas. Este conocimiento de las rutinas del mundo, esta capacidad anticipativa respecto al futuro inmediato, esta certidumbre de que la realidad vive estancada en un eterno retorno, es lo que hace que los grandes reporteros pierdan las ganas de seguir ejerciendo el oficio y, al mismo tiempo, es lo que justifica que los jóvenes acaben desbancando a los viejos. Porque ellos, los jóvenes, se fascinan ante lo que los mayores consideran ya aburrido. Y eso, claro, los lectores lo perciben.

Guillermoprieto ha perdido la catarata de palabras que antes se precipitaban desde sus dedos. Sigue siendo una de las grandes en el periodismo narrativo porque la experiencia es un grado y porque, afortunadamente, no ha perdido la mirada. Todavía hoy, cuando viaja en el metro de Nueva York, se sorprende de que la gente lea libros; en su opinión, los personajes que pueblan los vagones, con su cara cargada de historias y sus ropas arrugadas de miserias, son más interesantes que la mejor de las novelas. En ese sentido, la mexicana continúa sintiéndose identificada con cierta frase que escribió su compatriota Rosario Castellanos: «Feliz de ser quien soy, sólo una gran mirada: ojos de par en par y manos despojadas». Esta oración contiene la esencia de Alma Guillermoprieto, aun cuando ya no tenga tanto interés por mostrarla en sus escritos. Porque esta mujer ha perdido las ganas. Las ganas de seguir librando una batalla, la de las *fake news*, que considera que lleva mucho tiempo perdida.

21 de septiembre de 2022

Élmer Mendoza

El sentimiento de satisfacción

Élmer Mendoza se levanta a las cinco de la mañana, prepara un té verde y habla con Dios. Le anuncia que hoy escribirá una escena un tanto violenta o acaso un pelín subida de tono, y le pide que haga la vista gorda y no se enfade con él. Después coge un poemario al azar, lo abre por cualquier página y lee los primeros versos que encuentra en su interior. Lo hace como calentamiento, para ponerse en modo escritor, tal que si fuera un segundo desayuno pero esta vez intelectual, y sólo cuando siente que la literatura se ha metido en su cuerpo, coloca las manos sobre el teclado y se adentra en ese mundo de narcotraficantes, agentes de policía y demás elementos de malvivir que tanto irritan a Dios Nuestro Señor.

Trabaja en bloques de cincuenta minutos, nunca más pero tampoco menos, y entremedio deambula por la casa, hierve agua para otra infusión o visualiza en YouTube alguna jugada de los New York Yankees. Después toma de nuevo asiento y relee lo escrito con el deseo de encontrar aquello que siempre busca: sonoridad. Puesto que el creador de personajes tan emblemáticos como el Zurdo Mendieta considera que lo importante a la hora de escribir una novela no es tanto la voz narrativa como, ¡atención!, el oído narrativo. Aprendió de Rubem Fonseca que no basta con que alguien lea lo que uno ha redactado, sino que tiene que oírlo. Y la única forma de conseguir semejante proeza consiste en sentarse ante el ordenador con el convencimiento de que hoy concebirá la mejor frase que jamás haya sido compuesta por mortal alguno. Sin esa

LA PUBLICACIÓN

ambición, uno no hace más que perder el tiempo y, más grave todavía, se lo hace perder a los demás.

El mexicano escribe las novelas en apenas medio año, casi tan rápido como su admirado Stephen King, pero luego pasa meses y meses y más meses buscando la dichosa sonoridad. De ahí que no se imponga *deadlines*, que a su entender no son más que túneles oscuros en los que el escritor entra sereno y sale loco de atar. No, los auténticos artistas no tienen un calendario sobre la mesa; prefieren dejar que sean sus propias obras las que determinen el tiempo que necesitan para salir al mundo. Élmer Mendoza y Ricardo Piglia han hablado mucho sobre el momento exacto en el que hay que poner el punto final a un manuscrito, y ambos coinciden en que el único criterio válido es el que estableció James Joyce el día que dijo que a su *Ulises* no le cabía ni le sobraba una palabra más. Pero ¿cómo saber si se ha alcanzado la proporción exacta? Pues dejándose llevar por el «sentimiento de satisfacción». Dice Mendoza que hay un momento en que todo escritor se retrepa en la silla, deja las gafas sobre la mesa y murmura «lo he conseguido». Y es entonces cuando lo invade una dicha que no es otra cosa que el convencimiento de que ha trabajado al límite de sus posibilidades, de que ya no puede mejorar el texto, de que ha puesto tanta pasión en esa historia que incluso ha perdido salud. Entonces, sólo entonces, pone el punto final. Pero, si hay un atisbo de inquietud en la mente del autor, siquiera una leve duda sobre la eficacia de tal o cual párrafo, aunque sólo sea una ligera ansiedad ante la posibilidad de que la redacción pueda mejorar, si existe cualquiera de estas incertidumbres, no hay más remedio que regresar a la primera página y volver a corregirlo todo. Y así tantas veces como haga falta.

Élmer Mendoza anda obsesionado con la forma —no con la temática— porque sabe que ahí está el quid de la cuestión. Es consciente de que las únicas novelas que no caen en el olvido son las que han sido escritas con «voluntad de estilo», es decir, con un empeño mayúsculo por convertir la prosa en algo fuera de lo normal; y de que ninguna ficción que no haya sido escrita de ese modo trascenderá jamás, por más interesante que sea su argumento. Pero hay otro motivo que lo impulsa a dominar el lenguaje como pocos lo hacen a su alrededor: el amor de su madre. Su progenitora era una mujer muy cariñosa pero también muy severa, y en más de una ocasión le dijo que él era un pendejo y que los pendejos nunca llegaban a escritores. Aquellas palabras se clavaron en su orgullo con tanta fuerza que, siendo ya un niño, se propuso convertirse en el mejor literato de su generación. No hay nada más potente que el deseo de satisfacer a una madre.

30 de junio de 2021

Alicia Giménez Bartlett

Las tardes en el jardín

Alicia Giménez Bartlett se ha alejado del bullicio y se ha instalado en el sosiego. Hace seis años se mudó a una casa construida a las afueras de Vinaròs (Castellón) y, salvo por la imposibilidad de ir al cine para ver películas en versión original y de cenar de vez en cuando con sus amigotas del oficio, no echa de menos Barcelona. Prefiere pasar las tardes en su jardín, ora arrancando hierbajos, ora rastrillando hojarasca y, cuando llega la temporada, bajar al pueblo para vender las vainas que cayeron de los algarrobos dispersos en lo que podríamos considerar su paraíso terrenal. Porque, cuando alcanzas los setenta años, la tranquilidad cobra un nuevo valor.

Los días laborables escribe durante seis horas seguidas, de diez de la mañana a cuatro de la tarde, y el resto del tiempo lo dedica a vivir. Se ha autoimpuesto no pensar en la novela que tiene entre manos si no está frente al escritorio y, si por cualquier circunstancia le sobreviene una idea mientras pasea por la montaña con su perra Irma o mientras simplemente contempla el amanecer desde el balcón de su casa, no sólo no se detiene a anotarla, sino que ni siquiera le presta atención. Giménez Bartlett ha dejado atrás la época en la que la escritura la dominaba por completo y ahora sólo permite que la envuelva durante las seis horas en las que trabaja de un modo ininterrumpido, concentrada en su tarea, sin detenerse siquiera para comer. Después, al terminar su quehacer literario, se sienta a la mesa de la cocina y hace una comida que también sirve de cena. El resto de la tarde lo pasa en el jardín y, cuando el sol se oculta tras las montañas del Maestrazgo, pues abre un libro y se tumba a leer.

La suya es la imagen perfecta de la escritora que, tras haber conocido el éxito y firmado miles de ejemplares en las ferias de medio mundo, puede permitirse el lujo de encajarse un sombrero de paja, ponerse los guantes de podar y arreglar el jardín. Ha cumplido uno de los grandes sueños de todo escritor, el de apartarse del mundo y vivir en soledad, y ha cambiado a los amigos intelectuales por otros que tal vez no discutan sobre la muerte de la novela o sobre la hibridez de la no ficción, pero que son tan cachondos que no puede dejar de reír. Quizá su casa no sea como la de Virginia Woolf, siempre llena de artistas ansiosos por cambiar el destino de la literatura universal, pero sin duda es algo mucho mejor: un lugar pensado para trabajar sin ninguna presión.

Así las cosas, hay que recalcar que siempre ha sido una escritora que ha marcado su propio ritmo vital. Cuando su personaje más famoso, la sin par inspectora Petra Delicado, estaba en lo alto del pedestal de la novela negra española e italiana, los editores la presionaban para que terminara su siguiente aventura en menos de un año, pero ella siempre respondía que no era que no pudiera hacerlo, sino que no le daba la gana. Ya en su juventud era perfectamente consciente de que no se pueden escribir buenas novelas con las agujas del reloj haciendo todo el rato tictac, así que se cruzaba de brazos y les replicaba que, sintiéndolo mucho, entregaría su siguiente libro cuando su corazón —y la musicalidad— le dijera que había llegado el momento de dejarlo volar, lo cual solía ocurrir aproximadamente dos o tres años después de haberlo empezado. Es evidente, pues, que la valenciana siempre ha sido dueña de su tiempo, y ahora lo emplea materializando el sueño húmedo de cualquier escritor: aislarse de todo y de todos, tomarse las cosas con calma, dar la misma importancia a una frase que a una algarroba a punto de florecer.

Alicia Giménez Bartlett ha descubierto que vivir apartada del mundo no hace que añores a los demás, sino que aumenta tus ganas de continuar así. En otras palabras: cuanto más solo estás, más solo quieres seguir estando. Sabe que eso es peligroso, que se trata de una actitud que siempre va a más, que te puede llevar al ostracismo. Pero no le importa. De hecho, cuando tomó la decisión de instalarse en Vinaròs, no dedicó ni dos segundos a valorar la posibilidad de que el mundo de las letras pudiera olvidarse de ella. Porque, oye, si el mero hecho de no asistir a las presentaciones, de no comer con los editores o de no codearte con los colegas ha de suponer que tu trabajo tenga menos repercusión, pues tal vez sea mejor hacer las maletas, decir ahí os quedáis y apagar la luz al salir de la habitación. Que los escritores no vinieron al mundo para hacer amigos, sino para crear otras realidades en soledad.

3 de noviembre de 2021

Bernardo Atxaga

El miedo a la muerte

Bernardo Atxaga escribe parapetado detrás de un muro. Tiene sobre la mesa una serie de objetos que lo aíslan simbólicamente del exterior. Son lápices, estilográficas, cuadernos, libros y algún que otro cachivache decorativo que, formando una semicircunferencia alrededor del ordenador, crean esa burbuja de la que tantos autores hablan. Una de las plumas, por cierto, tiende a la evasión. Atxaga la pierde a menudo y, como su ausencia deja al descubierto un flanco de la fortificación, la busca con frenesí. Cuando la encuentra, cierra el círculo de nuevo y se pone a escribir.

Cuando viaja, esos objetos lo acompañan, y dondequiera que sea que se instale los coloca en la misma posición que tenían en su casa. En este sentido, se parece a Thomas Mann. Cuando el alemán se exilió en Estados Unidos, ordenó labrar un escritorio idéntico al que usaba en su país natal y, cuando se lo entregaron, lo decoró con los mismos utensilios que manejaba en su antiguo despacho. Sólo así pudo retomar su actividad literaria.

Al vasco le ocurre algo similar. Necesita que un muro invisible se alce ante sus ojos y, si un día decide escribir en una cafetería, se lleva los útiles y los distribuye por la mesa del bar. Si no lo hace, se le crispan los nervios y no atina dos frases seguidas. Es, no me lo negarán, un maniático de tomo y lomo. Uno que siempre usa el mismo latiguillo cuando se refiere a los de su oficio: «Nosotros, los raros».

No tiene un horario laboral porque se pasa el día creando. La buena acogida de sus libros le permite dedicarse por completo a su

LA PUBLICACIÓN

vocación y, cuando no está sentado a la mesa, anda divagando sobre lo que escribirá mañana. Dice que a menudo se siente como un sonámbulo, esto es, como alguien que camina con la mente en otro sitio, por ejemplo en un dilema argumental, y no han sido pocas las ocasiones en que sus hijas han tenido que pasarle la mano por delante del rostro para apartarlo de su ensimismamiento. También dice, buscando otro símil, que su actitud en la vida es como la de un conductor que circula de un modo automático, sin procesar la información, dejando que el cuerpo reaccione ante las señales de tráfico mientras la mente anda en otros asuntos.

Ahora bien, hay tres situaciones ante las que sí presta atención. La primera: las adivinanzas. Atxaga pasea a menudo por el pueblo donde vive, Zalduondo, y saca fotos con el móvil. Luego se las envía a sus hijas y les lanza preguntas, por ejemplo: «¿Qué está haciendo este perro?» o «¿Aguantará ese tejado la próxima tormenta?». Y a continuación retoma su andadura. Así se divierte el autor más despeinado de la literatura norteña: montando historias a partir de detalles y dejando a sus descendientes con la intriga metida en el cuerpo.

La segunda: la muerte. Es consciente de que la vida termina a menudo de un modo abrupto, cuando uno menos se lo espera, a veces sin que podamos concluir los proyectos emprendidos. Y eso le preocupa. Le aterroriza abandonar este mundo con una novela a medias y, de vez en cuando, da instrucciones a su mujer, que también es escritora, sobre el modo en que deberá terminar la historia en caso de que él emprenda el gran viaje o sobre la persona a quien deberá entregársela si él no llega a tiempo para hacerlo. Es, por tanto, un hombre más preocupado por la desaparición de sus personajes que por la suya propia.

Y la tercera: las traducciones. Atxaga es un escritor bilingüe y asegura que eso tiene unas implicaciones tremendas. Sobre todo, en lo tocante a la organización del tiempo. Escribe en euskera y su esposa, Asun Garikano, traslada sus textos al castellano. Luego él revisa el trabajo y, tras introducir algunos cambios, envía el documento a la editorial. Así pues, trabaja en cada novela si no dos veces, al menos una y media, y eso resulta tan farragoso que le ha obligado a crear una cadena de montaje en la que él entrega cada noche dos folios a su mujer y ella los traduce al día siguiente, y así una jornada tras otra hasta alcanzar la última página. Es un sistema de producción taylorista, es cierto, pero permite que las novelas de Atxaga lleguen a los lectores de, al menos, dos lenguas oficiales del país. Y eso se lo debemos agradecer.

18 de noviembre de 2020

Julia Navarro

El ritual de entrega del manuscrito

La entrega del manuscrito al editor también forma parte del proceso creativo. O al menos así lo cree Julia Navarro, periodista devenida en narradora que escribe todos y cada uno de los días del año, normalmente tres horas por la mañana y otras tantas por la tarde, dejando cada noche una nueva página tan pulida y tan limada que casi no necesitará revisiones posteriores. Así pues, un paso más hacia el final de la novela.

Lo de escribir a diario es una norma que no quebranta bajo ningún concepto, ni siquiera cuando viaja. Siempre lleva la tablet y el lápiz de memoria encima, y cuando se hospeda en un hotel no sale de la habitación hasta que no ha cumplido con el horario establecido. Aun así, prefiere trabajar en casa, con su perro Argos enroscado bajo la mesa y con la música clásica, normalmente Mozart, sobrevolando la estancia. Interrumpe la jornada para dar un paseo de doce kilómetros por las distintas rutas que tiene preestablecidas por las calles de Madrid. Después, perro y dueña ocupan sus respectivos lugares en el despacho… y vuelta al tajo hasta la noche.

Julia Navarro no habla con nadie de su novela. El único que conoce el argumento es Argos, que levanta una oreja cuando ella lee un párrafo en voz alta y que la baja de nuevo cuando escucha el sonido del teclado. Nadie más sabe lo que escribe. Hasta que un día pone el punto final, copia el documento en el disco duro externo y marca un número de teléfono. Llama a David Trías, su editor de toda la vida, la persona que más se emociona cuando el nombre de Julia Navarro parpadea en su móvil. Ella le dice que quiere verle, él responde que cuando quiera.

Y es en este punto del proceso creativo cuando la escritora se pone supersticiosa. Porque, si hasta la fecha ha publicado ocho novelas, se puede decir que ha repetido el ritual de entrega del manuscrito el mismo número de veces.

David Trías la espera en la recepción de la editorial y, tan pronto como las puertas correderas se abren, ambos se dan un abrazo. En la sala de reuniones ya está preparado el café, pero, antes incluso de entrar, Navarro mete la mano en el bolso, saca el lápiz de memoria y se lo entrega a quien ya considera su amigo. El editor coge el dispositivo con la solemnidad que merece el momento, casi como si se tratara de una pepita de oro, y pide a un compañero que lo imprima de inmediato. Toman entonces asiento y, al fin, se ponen a hablar de la novela.

Hasta ese momento, Julia Navarro no ha revelado nada a su editor. De hecho, ni siquiera habían acordado una fecha de entrega. De ahí que esa reunión sea tan intrigante: él quiere conocer el argumento; ella, desprenderse para siempre de él. Así que, mientras el editor sirve café, mira fijamente a su autora y le lanza la pregunta: «Bueno, ¿de qué va?». Y entonces ella desvela la trama, describe a los personajes y justifica el estilo, mientras el editor la escucha con entusiasmo.

Al cabo de un rato, alguien deposita el manuscrito ya impreso sobre la mesa. La autora se sorprende ante el grosor y Trías sonríe mientras lo coge y hace saltar las hojas con el pulgar. Hay párrafos con tipografías diferentes, algo habitual en Navarro, a quien no parece importarle que el texto no sea estéticamente uniforme. De pronto, le pregunta al editor qué le parece el título y se inclina sobre la mesa para analizar su reacción. Los títulos de sus novelas han evolucionado mucho: al principio eran convencionales —*La Hermandad de la Sábana Santa* (Plaza & Janés, 2004), *La Biblia de barro* (Plaza & Janés, 2005), *La sangre de los inocentes* (Plaza & Janés,

LA PUBLICACIÓN

2007)—, pero ahora son arriesgados —*Dime quién soy* (Plaza & Janés, 2010), *Dispara, yo ya estoy muerto* (Plaza & Janés, 2013), *Tú no matarás* (Plaza & Janés, 2018)—. David Trías es sincero; puede permitirse el lujo de serlo, los une una amistad irrompible. Pero también sabe que Julia Navarro no le permitirá cambiar ni una coma. En este sentido, ella es tajante: la historia está escrita y no hay *editing* que valga. Menos mal que no nació en Latinoamérica.

David Trías guarda en su casa el manuscrito de la ópera prima que ella le trajo en 2004, cuando se presentó por primera vez en la editorial y dijo que abandonaba el periodismo para convertirse en escritora. Aquella novela funcionó tan bien, el público la recibió con tanto entusiasmo y las ventas superaron las expectativas con tanta rapidez que Navarro y Trías decidieron no cambiar el ritual de entrega del manuscrito: la llamada repentina, el lápiz de memoria con el texto, el café preparado, la pregunta sobre el título… Se trata de una ceremonia tan arraigada en su vida que se ha convertido en una etapa más del proceso creativo. Porque, para escribir una novela, no basta con ser disciplinado ante el ordenador; también hay que serlo a la hora de ceder el texto a la persona que lo convertirá en una realidad física.

26 de enero de 2022

Antonio Soler

Las edades de la caligrafía

Antonio Soler lee de forma ininterrumpida desde que cumplió los once años. De hecho, fue a esa edad, allá por 1968, cuando por primera vez anotó en un folio el título del libro que acababa de cerrar. Desde entonces, nunca ha dejado de registrar sus lecturas y, aunque al principio su listado sólo ocupaba una hoja de papel, hoy se extiende por un taco de cuartillas, lógicamente muchas ya acartonadas y amarillentas, cuyos renglones acogen las tres mil entradas que el autor malagueño ha ido referenciando a lo largo de las distintas edades de su caligrafía. Sobra decir que este inventario no sirve para nada, si acaso para recordar en qué año descubrió a tal o cual literato, pero no me negarán que es hermoso eso de tener siempre a mano la relación de todos los libros, todos sin excepción, que uno ha leído durante la vida entera.

Lo de listar títulos no es la única costumbre que este hombre se trajo de la juventud. Porque en aquel entonces, si acaso cuando arrancaba la adolescencia, se aficionó a pasar los sábados por la mañana, al menos hasta el mediodía, tumbado en la cama, leyendo un libro y aislado felizmente del mundo. Era su momento favorito de la semana: una novela, una puerta cerrada y una almohada mullida. Y ahora, alcanzados los sesenta y seis años y con el pulso de la vida ya tomado, ha trasladado ese placer sabático al resto de la semana. Se levanta a las seis y media, a veces a las siete, en algunas ocasiones incluso media hora más tarde, y se espabila con tanta rapidez que, en vez de arrastrarse hasta la cocina para cargar la cafetera o de

LA PUBLICACIÓN

entrar en el cuarto de baño para mojarse la nuca, o sea, en vez de hacer las cosas que hacemos el resto de los mortales a fin de despejar la mente, se limita a estirar el brazo, agarrar el libro de la mesilla y ponerse a leer sin que —y aquí está el mérito— lo venza de nuevo el sueño. Lo hace hasta las nueve de la mañana, momento en que al fin se incorpora, se adecenta y sale a comprar el pan y los periódicos, los cuales devorará ya sentado frente a su escritorio hasta las once. No es este el único momento del día que dedica a la lectura, porque después de comer y de echar una siesta, vuelve a leer hasta las seis y media de la tarde; y cuando llega la noche, repite la acción hasta que, ahora sí, se le cierran los ojos.

Así pues, si alguien quiere saber cuándo escribe este hombre, sólo tiene que buscar los huecos que hay entre esos periodos de actividad lectora y descubrirá que Antonio Soler construye sus propias novelas de once de la mañana a dos de la tarde y de seis y media a nueve de la noche. También descubrirá que, pese a la cantidad de tiempo que dedica a los libros ajenos, su producción literaria sigue siendo envidiable, cosa que se debe sobre todo a que, en sus tiempos mozos, invirtió más horas en el atletismo que en el cachondeo y la pereza. De esta afición al deporte heredó su condición física, pero también una lección de vida perfectamente aplicable al proceso creativo: una zancada más es siempre una zancada menos. Se trata de una máxima que todos los atletas respetan, un estímulo mental para vencer el agotamiento, un acicate para seguir adelante incluso cuando las piernas flaquean. En definitiva, una forma de asegurar ese «esfuerzo sostenido en el tiempo» que en literatura podríamos llamar «concentración sostenida en el tiempo». Una frase más, en consecuencia, es siempre una frase menos.

Antonio Soler fue corredor de distancias cortas, pero disfrutaba tanto entrenando con sus amigos de distancias largas que hoy tiene del todo clara la diferencia entre el modo en que debemos afrontar la escritura de una novela de quinientas páginas y la de otra de apenas ciento cincuenta. Paradójicamente, la metodología que aplicar en cada uno de esos casos es la contraria a la que cabría imaginar. Porque, según Soler, cuanto más larga es una novela, menos hay que escribir a diario, y cuanto más corta, pues lo contrario, del mismo modo que cuanto más larga es una carrera, menos velocidad hay que imprimir al trayecto, y cuanto más corta, más rápido hay que ir. Por tanto, si tenemos por delante un proyecto de quinientas páginas, no podemos pretender escribir diez horas al día durante, pongamos, un plazo de un año, puesto que el agotamiento nos hará fracasar; y, si vamos a levantar una ficción breve, no podemos prolongar la escritura durante demasiados meses, puesto que el aburrimiento nos incitará a desistir. En resumen: a novelas largas, periodos de trabajo diario breves, y a novelas cortas, justo lo contrario.

De cualquier modo, Antonio Soler no tiene una obra extensa única y exclusivamente porque concibe el oficio de escritor del mismo modo que el de atleta, sino también porque vive obsesionado con el calendario. Hasta hace poco, cada vez que se disponía a empezar una novela, dibujaba unos cuadrantes en los que marcaba el número de páginas por escribir a diario —lloviese, tronase o cayeran chuzos de punta—, así como la fecha exacta en la que debía alcanzar la última página. Y si un imprevisto lo obligaba a saltarse una jornada de trabajo, pues esa noche no dormía y la pasaba en vela cumpliendo el cupo. Es así como se levantan las novelas: con un calendario pegado a la pared y una fuerza de voluntad propia de un medallista olímpico.

En la actualidad no dibuja cuadrantes ni marca fechas en la agenda, pero en el pasado lo hizo tantas veces que ya ha interiorizado esa conducta. De hecho, durante una cena con amigos celebrada no hace mucho tiempo, su editor Joan Tarrida (Galaxia Gutenberg) le preguntó cuándo le entregaría la siguiente novela y, en vez de responder que en dos, tres o cuatro meses, le contestó que el 20 de julio. Manuel Longares, también presente en el restaurante, soltó una carcajada porque creía que se trataba de una broma, pero sólo tuvo que mirar a su colega para comprender que hablaba totalmente en serio. Por desgracia, no cumplió su palabra, ya que envió el manuscrito el 19 de julio, un día antes de lo previsto. ¡Ay!, la impuntualidad.

27 de septiembre de 2023

Elia Barceló

La literatura o la fama

Elia Barceló tiene un único objetivo en la vida: hacer felices a los lectores. Y sabe que, para lograr eso, debe ser feliz escribiendo. En el mundo de las letras es habitual parafrasear aquella declaración en la que Dorothy Parker aseguraba que odiaba escribir pero que le encantaba haber escrito. Pues bien: nunca oirán a Elia Barceló remedando semejante confesión. Porque a ella esa frase le parece una soberana estupidez. Es más, recomienda a todos los aspirantes a narrador que, si en algún momento tienen la sensación de que el acto creativo es un potro de torturas, apaguen el ordenador, abandonen el domicilio y se vayan a jugar al golf. Porque, primero, a nadie le importa un carajo el sufrimiento que experimenten durante la jornada laboral y porque, segundo, quien no disfruta haciendo algo difícilmente hará disfrutar a los demás.

Así pues, el motivo por el que Elia Barceló trabaja tres horas seguidas por la mañana y otras tantas por la tarde es, principalmente, el deseo de convertir la vida de los lectores en algo un pelín más agradable. Y, aunque se lo pase en grande escribiendo y aunque además quiera compartir ese placer, lo cierto es que ella también padece lo suyo. Hace dos años compró una mesa motorizada, una que sube y baja según la posición que el usuario quiera adoptar, para poder seguir. La adquirió cuando el dolor que le provocaba su hernia discal se convirtió en insoportable y cuando el médico le recomendó que no pasara tanto tiempo sentada. Desde entonces, arranca la jornada en una silla y la termina de pie. Incluso ha colocado un diccionario de alemán en el suelo a modo de escalón. Primero apoya el pie izquierdo y, cuando ya nota la tensión en ese costado del cuerpo, pues hace lo propio con el derecho. Sí, amigos, para eso han quedado los diccionarios en tiempos de internet.

A esta mujer le duelen las vértebras cuando trabaja, pero al menos tiene la delicadeza de no dar la turra a los oyentes con sus lamentos sobre lo sacrificada que es la vida del escritor, sobre la soledad en la que vive sumido y sobre el sudor que resbala por su frente cuando corrige un manuscrito. No, Barceló no suelta esos tópicos porque sabe que escribir no es como subir a un andamio ni como bajar a la mina, sino como un club privado del que se siente afortunada de pertenecer. De hecho, tiene la teoría de que quienes relacionan la escritura con el sufrimiento no son escritores de verdad. Porque a esas personas, o al menos así lo cree, lo que realmente les gusta es conceder entrevistas, ganar premios y repartir autógrafos. Pero no escribir. Y su razonamiento parece tan lógico que, bueno, tal vez haya llegado el momento de bostezar cada vez que un autor se eche a llorar porque, por poner un ejemplo, se rompió una uña mientras aporreaba el teclado.

Y hay una paradoja que tampoco conviene olvidar: quienes se pasan el día hablando del sufrimiento suelen tener menos lectores que páginas sus libros, mientras que quienes disfrutan más estando en la soledad de su despacho que en un auditorio lleno de gente terminan con la muñeca torcida de tanto firmar ejemplares de la gente a la que hizo soñar.

Y esto, queridos lectores, es una verdad tan grande como pequeña suele ser la calidad de quienes se pasan el día llorando.

1 de diciembre de 2021

Eugenio Fuentes

No venderse al mercado

El 27 de septiembre de 2022, la nave robótica DART impactó en el asteroide Dimorphos. Ese mismo día, cuando la noticia sobre el éxito de la misión saltó a los medios de comunicación, el escritor cacereño Eugenio Fuentes sintió que nunca antes se había homenajeado a los narradores periféricos de una manera tan hermosa. Dimorphos, lo recordarán ustedes, vagaba por el espacio a once millones de kilómetros de distancia y la NASA envió una sonda para que se inmolara sobre su superficie y alterara de este modo su trayectoria. En un principio, parecía que la gesta tendría las mismas consecuencias que la colisión entre un mosquito y la cabeza de un bisonte, pero aquel artilugio del tamaño de una nevera consiguió cambiar el rumbo de una roca cuando menos tan grande como un estadio de fútbol, convirtiendo aquel encontronazo en el mayor logro jamás alcanzado en la defensa de este nuestro planeta Tierra.

Lo que llamó la atención de Eugenio Fuentes no fue la capacidad del ser humano para interferir en la mecánica del universo, sino la consecuencia que dicho poder tuvo sobre aquel planetoide en concreto. Porque el choque no sólo cambió su itinerario, sino que además propició la formación de una estela luminosa de más de diez mil kilómetros que los telescopios todavía estudian. En su periplo por el vacío cósmico, el asteroide había ido recogiendo paladas de polvo estelar, toneladas de chatarra espacial y montones de basura galáctica, y cuando la sonda explotó sobre su espalda, todos

LA PUBLICACIÓN

esos escombros fueron eyectados y generaron un penacho tan esplendente como el que sin duda lució la estrella que guio a los Reyes de Oriente hasta Belén.

El cacereño ha pensado mucho en aquella colisión y cuanto más lo hace, más se convence de que todos los escritores periféricos —que no son otros que aquellos que no nacieron ni se mudaron a las ciudades desde donde se ejerce el control de la cultura nacional— son como asteroides que vagan por la oscuridad del espacio y que, mientras algunos de sus colegas se desviven por alcanzar el éxito, ellos se limitan a disfrutar de las luminarias que brillan en el firmamento. Esos narradores de extrarradio se sienten cómodos en sus órbitas rutinarias, se deslizan a una velocidad moderada por el cielo infinito y sonríen ante las ansias de fama que detectan en los planetas más jóvenes. Pululan por el éter observando con fascinación los agujeros negros, maravillándose ante la formación de nuevas galaxias y, sobre todo, apartándose del camino tomado por esas estrellas fugaces que, de tan veloces como circulan, no se detienen ya ni para contemplar la belleza que las rodea. Esto último es algo que no les ocurre a los narradores de las afueras, entre otras cosas porque, siendo conscientes de que su existencia da el mismo sentido al universo que la de la estrella más llamativa, aceptan su condición de cuerpos solitarios sobre los que jamás se reflejará ni siquiera la luz del más diminuto de los soles.

Ahora bien, es cierto que en ocasiones alguien posa su mirada sobre uno de esos objetos en apariencia prescindibles y, al abrir cualquiera de sus libros, provoca la creación de una nube de polvo capaz de iluminar cuadrantes desconocidos de la literatura. Los editores, los periodistas y puede que hasta los lectores se asombran entonces ante el dominio de las letras que también existe en las ciudades a las que nadie atiende y, durante un periodo normalmente breve, parece que el futuro de la novelística española no está sólo en manos de quienes salen todo el día en la tele, de quienes hablan a todas horas en la radio y de quienes generan todo tipo de debates en redes.

Así y todo, Eugenio Fuentes ya tiene edad suficiente como para saber que los autores como él, que no sólo son periféricos por vivir lejos de los centros neurálgicos, sino también por dedicarse a la literatura de género, no pueden permitirse el lujo de creer en cuentos de hadas y que llegará un momento en que Madrid o Barcelona les volverá a dar la espalda. Será esa la ocasión idónea para aceptar que su destino ha corrido siempre en paralelo al de Dimorphos, un asteroide al que todos los telescopios apuntaron por un breve momento, pero que terminó hundiéndose de nuevo en el silencio que impera en el vacío del universo.

Eso sí: nadie dirá de ellos que vendieron su alma a cambio de fama y dinero.

30 de noviembre de 2022

Clara Usón

El síndrome del impostor

Clara Usón tiene un buen palmarés: Biblioteca Breve, Ciudad de Barcelona, Nacional de la Crítica… Los miembros de los jurados que componen esos premios, así como los lectores que compran sus libros tanto en éste como en otros países, le han dicho por activa y por pasiva que es una escritora de primera y, aun así, esta mujer acusa un *complejo de impostora* más grande que el apéndice nasal del mismísimo Góngora.

Asegura que, cuantos más libros escribe, más libros le cuesta escribir. Eso no ocurre en otras profesiones. Ella misma ejerció la abogacía y recuerda ese oficio como una acumulación de experiencias tan continuada que, pasado algún tiempo, la práctica diaria resulta incluso aburrida. Los juristas aprenden tantas cosas a lo largo de los años que llega un momento en que tienen la sensación de que ya han vivido todas las situaciones posibles, de que ya han trabajado en casos parecidos a los que entran a diario por la puerta, de que ya saben lo que dirá el juez antes de que empuñe el martillo. No ocurre lo mismo en literatura. No, no ocurre en absoluto. Porque, en el mundo de las letras, la acumulación de experiencia no facilita el trabajo; antes bien, lo complica.

Existe cierta clase de escritor que vive en la constante agonía de tener la impresión de que siempre parte de cero. Cada vez que publica un libro, y con independencia de las loas que éste reciba, se queda así como en blanco y lo invade una oleada de angustia ante la simple idea de tener que hacerlo de nuevo. Es como si no hubiera aprendido nada sobre el oficio después de haber publicado cinco, diez o hasta quince títulos, y nunca se siente con fuerzas para enfrentarse de nuevo a semejante suplicio. No importa que lo hayan premiado en múltiples ocasiones, no importa que lo traduzcan a muchos idiomas, no importa que su editor desenrolle la alfombra roja cada vez que se citan. Siempre se enfrenta a la posibilidad de un nuevo libro como si fuera un letraherido.

Eso le ocurre a Clara Usón —y en verdad a muchísimos colegas—, pero también le ocurre, o al menos eso asegura, que con los años se siente más vaga, más despistada, más lenta. Lo de despistada lo ejemplifica con una simple escena: durante su última mudanza —y recordando que ha cambiado de domicilio más veces que Bruce Chatwin de mochila—, salió de casa con la intención de ir al supermercado y llenar por fin la nevera. Cuando abandonó el ascensor no sin cierta dificultad, se dio cuenta de que lo que arrastraba no era el carrito de la compra, sino la aspiradora. Esta anécdota no tendría más importancia si no se trasladara también al campo de las letras, porque confiesa que, con el devenir del tiempo, le cuesta más concentrarse y que sólo tiene que pasar literalmente una mosca para que pierda el hilo de lo que estaba escribiendo. De ahí que necesite soledad extrema y silencio absoluto para avanzar en su nueva novela, y aun con eso cada veinte minutos se levanta para estirar las piernas.

También dice que cada vez tiene una mayor tendencia a la vagancia. El horario de trabajo que se ha autoimpuesto abarca dos horas por la mañana y otras dos por la tarde, pero siempre acaba ejerciendo su oficio la mitad de ese tiempo, normalmente por la mañana, y se pasa el resto del día deambulando por casa, buscando cualquier excusa para no sentarse a la mesa, alargando lo que ella misma llama «periodo de aproximación», que es esa media horita que pasa entre que decidimos ponernos a trabajar y de verdad lo hacemos, un tiempo en el que damos vueltas por el salón, nos preparamos un té o salimos al balcón a echar un pitillo. Es más: muchos días Usón no escribe ni una palabra y, como necesita llenar la jornada, se dedica a ordenar la casa. Y, al irse a dormir esa noche, se consuela a sí misma diciendo: «No he dedicado ni un segundo a la novela, pero, oye, tengo la cocina más limpia que una patena».

Clara Usón es consciente de que, si acordara una fecha de entrega con el editor, las cosas cambiarían. Tener la obligación de finalizar un manuscrito en el plazo de un año, dos o incluso hasta tres, hace que te dejes de tonterías y que te pongas a trabajar con ahínco. Pero ocurre que esta autora superó hace tiempo la juventud y, en consecuencia, ya no vive económicamente al día. Y ahí está una de las claves para entender por qué unos escritores corren mucho y otros van despacito: el dinero, el cochino dinero, el maldito y omnipresente y condicionante dinero. El dinero lo explica todo, aunque luego nadie hable de ello y todo el mundo se llene la boca de palabras que no hablan realmente del oficio. Usón no quiere aceptar un adelanto editorial porque no tiene edad para andar con agobios, pero al mismo tiempo sabe que un adelanto la haría más productiva. ¡Ay!, el eterno dilema.

Y una última cosa: cuando un escritor dice que cada vez es más lento, más despistado y más inseguro, lo que en verdad está reconociendo es que cada día es más crítico consigo mismo. Tras esas palabras que parecen indicar un problema de síndrome del impostor, lo que debemos ver es a un autor que ha alcanzado tal conciencia de la enorme complejidad que entraña la escritura que avanza por el texto de un modo muy lento, sopesando todas y cada una de las palabras, de las comas y hasta de los tipos de letra, de tal modo que, cuando llega la noche y apaga el ordenador, tiene la sensación de que se está convirtiendo en un autor inseguro. Pero no es cierto. Lo que de verdad ocurre es que ha alcanzado la edad en que se comprende la complejidad del asunto. Es sólo eso: la literatura ha dejado de ser un juego de niños.

31 de mayo de 2023

Rodrigo Fresán

El espíritu de la escalera

Rodrigo Fresán nunca termina sus novelas. Las entrega a su editor en la fecha acordada, eso sí, pero continúa escribiéndolas en su cabeza durante meses, puede que años, tal vez incluso alguna década. De hecho, no da por finalizado un manuscrito ni siquiera cuando ha empezado otro. Los personajes siguen ahí, en algún rincón de su cerebro, susurrándole posibles formas de mejorar su comportamiento, de adquirir nuevas dimensiones interpretativas, de encontrar distintos caminos para mostrar la profundidad de su alma. Y, cuando un día le anuncian la salida de la edición de bolsillo de alguna de sus ficciones anteriores, el argentino esboza una sonrisa, abre la carpeta de las ideas retroactivas y envía un correo a su editor con todos los *inserts* que quiere añadir a la nueva publicación. Dicen las malas lenguas que, cuando dicho e-mail llega a la bandeja de entrada de Penguin Random House, los correctores se esconden bajo las mesas.

Así pues, la edición *trade* de las novelas de Rodrigo Fresán no tiene el mismo contenido que la edición de bolsillo, y en muchas ocasiones la diferencia entre una y otra puede alcanzar las setenta páginas. Por supuesto, esto es un quebradero de cabeza no sólo para los bibliófilos, sino también para los lectores avezados que, cuando deciden adquirir uno de sus títulos, no saben por qué versión decidirse. En una tienen el texto original y, en la otra, el ampliado. Y, aunque a muchas personas esto les parezca un asunto baladí, a los devotos de este narrador el asunto los trae locos.

LA PUBLICACIÓN

En realidad, los culpables de que Rodrigo Fresán ande por la vida añadiendo extractos a sus propias novelas son The Beatles y Francis Ford Coppola. Al parecer, el autor de la trilogía *La parte contada* (Random House) —formada por *La parte inventada* (2014), *La parte soñada* (2017) y *La parte recordada* (2019)—, en la que precisamente analiza el funcionamiento de la mente de un escritor, tiene todas las versiones que el grupo británico sacó de su octavo álbum *Sgt. Pepper's Lonely Hearts Club Band* y ha visto cada una de las ediciones con contenidos extra de *Apocalypse Now*. Y esta tendencia a frecuentar las variaciones de una misma obra ha acabado haciendo que él también haga evolucionar sus propios textos, incluso después de publicados.

Precisamente por eso, asegura que admira a los escritores que se desprenden por completo de lo que ya escribieron. Lee entrevistas en las que sus colegas afirman sentirse satisfechos con el trabajo realizado y en las que, además, anuncian sus nuevos proyectos literarios y se pregunta a sí mismo cómo se las apañan los otros narradores para hacer borrón y cuenta nueva de algo que, en su caso, nunca deja de vibrar. Para él las novelas en apariencia terminadas son un runrún que nunca se apaga, una sombra de la que no puede desprenderse, una voz que lo asalta de vez en cuando y lo obliga a recuperar el manuscrito y añadir párrafos y más párrafos a lo ya escrito.

Dice Rodrigo Fresán que, de alguna manera, vive sumido en eso que los franceses llaman *l'esprit de l'escalier*, que en sentido estricto significa pensar una respuesta ingeniosa cuando ya es demasiado tarde para darla, y que en su caso significa pensar una frase o un párrafo ingenioso cuando ya es demasiado tarde para publicarlo. Así pues, estamos ante un autor que siempre quiere volver atrás y que no deja que sus criaturas se emancipen y vivan su propia vida. Un autor que siempre está pendiente de los hijos que lanza al mundo. Un autor que nunca termina nada.

21 de abril de 2021

Flavia Company

La disolución del yo

Todos los libros de Flavia Company ocultan una forma en su interior. Es lo primero que busca cuando concibe un argumento: la figura geométrica, la estructura arquitectónica o el volumen poliédrico que habrá de resumirlo. Por ejemplo, *Haru* (Catedral, 2016) contiene una esfera; *Que nadie te salve la vida* (Lumen, 2012), un dominó; *La isla de la última verdad* (Lumen, 2011), una matrioska; y así todo un cuerpo matemático —conos, pirámides, cubos…— que abarca los cuarenta y tantos títulos que esta argentina afincada en Barcelona tiene ya en su haber.

Para visualizar la apariencia estructural de su futuro libro, primero debe concebir el argumento. Mientras realiza una postura de yoga, mientras hace unos largos en la piscina o mientras pasea por la ciudad, arma la novela en su cabeza y no se sienta a la mesa hasta que no ha escrito mentalmente toda la historia. En este sentido, es como Iris Murdoch, que de repente miraba a su marido y le decía: «John, ya he terminado el libro; ahora sólo me falta escribirlo». A Flavia Company le ocurre exactamente lo mismo: no abre la libreta ni carga la estilográfica hasta que no tiene la novela tan montada en su cerebro que, por así decirlo, sólo le falta volcarla en el papel para mandársela de inmediato a su editor. De hecho, si le pidiéramos que nos dejara ver el primer borrador de cualquiera de sus obras, lo único que nos enseñaría serían los folios en los que, durante la concepción de la misma y de un modo un tanto obsesivo, dibujó la figura geométrica que la resumía.

LA PUBLICACIÓN

Así pues, la escritura es para Flavia Company una «transcriptura», un volcado de todo lo que ya está construido en su interior, una copia de lo que hay en su mente, y cuando se sienta sólo debe preocuparse de envolver bien el paquete. Hace años, cuando todavía era una autora algo inmadura, hacía eso que ella misma llama «literatura masturbatoria», que no es otra cosa que el intento de demostrar a los demás lo bien que uno escribe, pero llegó un momento de su carrera, concretamente antes de *La isla de la última verdad* (Lumen, 2011), en que empezó a concebir la literatura del mismo modo en que un adolescente concibe la lectura: de manera pasional, voraz, inocente. Los niños se acercan a los libros sin fijarse ni en la autoría ni en la opinión de la crítica, a menudo siquiera en el argumento. Simplemente los abren y se pierden en sus mundos. Ese es el método que decidió seguir a partir de cierto momento: escribir como leía cuando era pequeña. Y desde que dejó de concebir la literatura como un egocentrismo, todo ha cambiado.

Ahora es una autora que sólo piensa en el destinatario final. Quiere que sus libros sean como los regalos junto al árbol de Navidad, que los lectores los abran con la ilusión de un niño, que nada se interponga en su disfrute. Ha llevado tan lejos esta idea que incluso ha dejado de firmarlos. Después de *Magôkoro* (Catedral, 2019), sus títulos llegan al mercado con la autoría de un heterónimo, que normalmente es el nombre de uno de sus personajes de ficción: Haru, Andrea Mayo y Osamu, hasta el momento. Company ha decidido que realidad y ficción también se mezclen en la autoría, ha dado la vuelta al espejo para que el reflejo sea la verdad y la verdad una mentira, ha borrado su nombre para dar protagonismo a unos seres que ni siquiera existen. Por decirlo de un modo sencillo: se ha convertido en una escritora sin sombra. Y ahora es más feliz.

Flavia Company ha desaparecido y es difícil encontrarla. Se ha pasado los dos últimos años viajando por el mundo y escribiendo en los lugares más insospechados. *Magôkoro* arrancó en una cafetería de La Habana Vieja y terminó en una cabaña de la selva panameña. La autora se ha pateado medio planeta, pero aún le queda la otra mitad. No traten de buscarla. Ya no existe. Su cuerpo anda por las montañas y su rostro es ahora el de algún personaje de ficción. Ni siquiera la encontrarán cuando vayan a una librería y pregunten por su último trabajo. Seguramente, el dependiente no sabrá tras qué heterónimo se oculta en la actualidad. Así que pasen el dedo por los lomos de las estanterías, cojan el ejemplar que más les guste y, si al abrirlo por cualquier página emerge una figura geométrica, entonces habrán encontrado una de las obras de la escritora que, de tanto viajar, dejó atrás su propio ego.

29 de diciembre de 2021

Alejandro Palomas

Sentirse querido

Alejandro Palomas se siente en ocasiones como un nuevo rico. Antes no tenía nada y ahora, bueno, ahora le sobra un poco. Evidentemente, no hablamos de dinero, sino de algo todavía más importante en la vida de un escritor: contratos editoriales.

Cuando empezó a mover sus manuscritos, hace ya más de un cuarto de siglo, tuvo la sensación —quién sabe si errónea— de que los editores lo trataban con displicencia y de que sus coetáneos lo miraban por encima del hombro. Saltó de un sello a otro porque no se sintió querido en ninguno en concreto y evitó los cenáculos literarios porque no percibió respeto ni hacia él ni, en verdad, entre los propios miembros. Y así fue como, de tanto desconcierto con unos y de tanta incomodidad con otros, se fue aislando de todo y de todos hasta, ¡atención!, convertirse en uno de los escritores más leídos de la literatura española contemporánea. En efecto, este autor es la demostración viva de que, cuanta más obsesión por sentirte querido y cuanto más interés por hacer amigos, menos novelas en el catálogo y menos libreros interesados en tu trabajo.

En realidad, para entender el modo en que el barcelonés se maneja a la hora de trabajar, nada como rememorar dos aspectos de su infancia y adolescencia: su forma de estudiar y sus silencios. Respecto al primero, basta mencionar que, ya en el colegio, era un perfeccionista de los severos. Quería sacar sobresaliente en todas las asignaturas y, cada día, tan pronto como llegaba a casa, cerraba la puerta de su dormitorio, se sentaba a la mesa y memorizaba una página por cada libro de texto. Lo hacía de un modo constante, sin excepción alguna, pensando siempre en el día en que cayera el examen y él se enfrentara a las preguntas con el orgullo bien puesto.

Esa metodología de trabajo, la de la hormiga que no descansa pero que tampoco se desloma, se trasladó posteriormente al mundo de las letras y, aunque es cierto que no está afectado por el mal del funcionario, es decir, no se pone a trabajar siempre a la misma hora ni termina a otra igual de concreta, también lo es que, cuando tiene un proyecto en mente, se encierra en casa durante dos o tres meses y regresa después al mundo con una novela terminada bajo el brazo.

De manera que Alejandro Palomas funciona a base de periodos de concentración intensos en los que escribe mucho, se alimenta poco y, sobre todo, bebe café muy frío. Tan frío que lo prepara por la noche y se lo toma por la mañana; porque el otro, el que se sirve caliente y con galletita, le da incluso un poco de asco. Y fíjense en la utilidad de este método de trabajo, que su autor entrega al editor sus manuscritos no en la fecha acordada, sino varias semanas antes. Y eso, ¡ay!, eso sí que da rabia. Da incluso más rabia que tener a tu lado a un compañero de clase que saca sobresaliente, mientras que tú, en fin, tú haces lo que puedes.

El otro aspecto de su juventud que conviene rememorar es el de la aceptación de su lugar en el mundo. Ya en el colegio, sus compañeros le hicieron saber que no lo veían como a uno de ellos, rechazo que se repitió de un modo similar e inquietante cuando irrumpió en el mundillo literario con su primera novela: los demás escritores y no pocos periodistas —o al menos así lo percibió él— lo miraron por encima del hombro y le dieron la espalda. Palomas captó estos desprecios con rapidez, en gran medida porque ya conocía ese tipo de comportamientos, y, en vez de esforzarse para caer bien, decidió aislarse y trabajar por libre, o sea, decidió escribir sin molestar ni ser molestado, sin hacer amigos pero tampoco enemigos, sin venderse a sí mismo sino a sus manuscritos. El resultado de esa actitud se resume diciendo que, en la actualidad, es uno de los poquísimos autores que viven íntegramente de sus libros. De hecho, tiene contratos editoriales firmados hasta 2028. De ahí que se sienta como un nuevo rico: porque fue un escritor que, por no tener, no tuvo ni amigos, y porque hoy es un autor por quien todos sienten respeto.

¡Ah!, y un detalle más: Alejandro Palomas lleva mucho tiempo aprovechando los ratos muertos para retocar una novela, *El secreto de los Hoffman* (Plaza & Janés, 2008), de la que nunca se sintió orgulloso. Aquella ficción quedó finalista del Premio Torrevieja 2008, pero a su autor jamás le satisfizo del todo y ahora rasca horas al día para remacharla un poquito, para mejorar esto y aquello, para aumentar la exigencia de estilo, con la intención de publicar en un futuro próximo una edición de bolsillo que sea realmente perfecta, y así irse algún día al otro mundo sabiendo que todos sus libros, desde el primero hasta el último, fueron honestos. No me negarán, pues, que sigue siendo el niño que sólo aceptaba sobresalientes en su currículum académico.

29 de agosto de 2023

Gonçalo M. Tavares

La madurez para publicar

El padre de Gonçalo M. Tavares era ingeniero civil y, de vez en cuando, permitía que su hijo lo acompañara a alguna de las obras que estaba ejecutando. El futuro escritor siempre se imaginaba que las estructuras que su progenitor proyectaba ascendían majestuosas hacia el cielo, atravesaban la parte más mullida de las nubes y alcanzaban de un modo un tanto sacrílego las sandalias del mismísimo Dios, pero, cuando llegaban en el coche al solar destinado al edificio proyectado, lo único que ese chiquillo veía era un agujero de enormes proporciones. Las excavadoras sacaban paletadas de tierra tal que si pretendieran rascar la coronilla del Diablo y, cuando preguntaba por qué los operarios iban hacia abajo cuando lo que tendrían que hacer era ir hacia arriba, el padre respondía que no se puede construir un edificio si no se han fijado primero los cimientos. Ese mismo día —bueno, tal vez no fuera ese mismo día, pero sería hermoso que sí—, aquel muchacho con aspiraciones literarias decidió que no publicaría nada hasta que no hubiera alcanzado la edad de treinta y un años.

Desde los dieciocho hasta los treinta, Gonçalo M. Tavares se dedicó única y exclusivamente a poner sus propios cimientos. Se levantaba cada mañana a las seis y media, se pegaba una ducha y se plantaba en la puerta de una cafetería a la espera de que levantaran la chapa. Cuando el camarero al fin abría el local, aquel joven le daba los buenos días, se sentaba en una mesa y desplegaba todo un arsenal de libros, cuadernos y bolígrafos. Durante el resto de la

LA PUBLICACIÓN

mañana, unas veces hasta la una, otras hasta las dos de la tarde, no hacía otra cosa que leer, escribir y pensar. Los otros clientes lo veían encerrado en sí mismo en aquella esquina del bar, dejándose crecer la barba y madurando un proyecto narrativo que no sólo habría de sorprender a la crítica de su país, sino del mundo entero, y ninguno se atrevía a interrumpir lo que ahora mismo Tavares recuerda como un evidente exceso de concentración. De hecho, cuando rememora los doce años que tardó en construir los cimientos sobre los que habría de levantar su obra, se sorprende de que fuera capaz de vivir la literatura con tanta intensidad.

Siendo todavía niño tuvo la suficiente inteligencia como para decidir no publicar nada hasta haber alcanzado la madurez necesaria como para enfrentarse al juicio de los lectores. En realidad, muchas de las novelas que todavía hoy está publicando fueron escritas, o cuando menos esbozadas, durante ese periodo de creatividad enloquecida. En aquel tiempo ya intuía que eran buenas, y aun así prefirió guardarlas en un cajón a la espera de haber puesto la última varilla del encofrado que habría de soportar no sólo su obra, sino su personalidad entera. Quería entrar en el sistema editorial con un trabajo tan rotundo que nadie pudiera poner en tela de juicio ni una de sus comas, pero también quería hacerlo con una fortaleza emocional tan sólida que lo protegiera de esos otros comentarios, los elogios, que pueden ser tan perniciosos como la más cruel de las críticas. Y eso, al menos en su opinión —pero también en la de cualquier persona con un mínimo de sensatez—, sólo se consigue tras alcanzar los treinta.

Tavares escribió más de veinte libros durante su periodo de formación y, cuando al fin mostró su trabajo al mundo, la crítica especializada lo aplaudió al unísono. Incluso José Saramago se levantó de su butaca, lo señaló con uno de sus dedos ya arrugados y dijo que algún día el tal Tavares ganaría el Nobel. Todavía es pronto para que algo así ocurra, motivo por el cual el autor de obras tan maravillosas como *Un hombre: Klaus Klump* (Random House, 2006), *Jerusalén* (Random House, 2009) y *Aprender a rezar en la era de la técnica* (Random House, 2012) continúa encerrándose en su despacho por las mañanas y pidiendo a todo el mundo que lo dejen tranquilo. Incluso sus padres, cuando están de visita, le pasan notas por debajo de la puerta para no molestarlo. En realidad, su obsesión por el aislamiento creativo es tan grande que, durante la infancia de sus hijos, encontró un truco para que respetaran su necesidad de silencio. Les decía, por ejemplo: «Si escribo ciento cincuenta páginas en los próximos dos meses, os daré veinte euros a cada uno». Y, claro, los niños se levantaban por la mañana y, tan pronto como sorprendían a su padre en la cocina, le gritaban: «Papi, ¡a trabajar!». Porque, para conseguir levantar una obra de calidad extrema, no siempre basta con unos cimientos sólidos. También hace falta algún que otro soborno.

27 de julio de 2022

Gabi Martínez

Desde la soledad

Gabi Martínez es un gran defensor de la locución latina *mens sana in corpore sano*. De hecho, cree tanto en ese fragmento del poema más famoso de Décimo Junio Juvenal que cada día se levanta a las seis de la mañana, se pone las zapatillas de deporte y se lanza a correr por una ciudad, Barcelona, que no sólo no se ha despertado todavía, sino que soporta en silencio a los últimos borrachos de la noche. Una hora después, más o menos a las siete, este representante de la llamada *literatura*, así como de la literatura de viajes, regresa a casa y se pega una ducha de agua fría, algo que hace tanto en verano como, ¡atención!, en pleno invierno.

La costumbre de prescindir del calentador le viene a Gabi Martínez de cuando era joven, de los años en los que no ganaba dinero, de cuando debía elegir entre seguir escribiendo o llenar la nevera. Eligió la primera opción, la más dura, y aprendió a vivir de un modo austero. De aquella época no sólo le ha quedado el hábito de ducharse con agua fría, sino también el de no usar la calefacción ni siquiera cuando la escarcha se agarra a los cristales de la ventana. Podría colocar un brasero bajo la mesa o abrir la espita del gas aunque fuera un ratito, pero se trata de un tipo tan obstinado que se conforma con ponerse una bata de franela, echarse un par de mantas al cuello y agarrar la taza de té con dos manos. Calienta igual y encima es más barato.

Queda claro, pues, que estamos ante el escritor más austero de la literatura española. Un hombre que no sólo no ha bebido ni fumado nunca, sino que tampoco se ha permitido el lujo del agua caliente. Un estoico de tomo y lomo que, pese a lo que pueda parecer, no relaciona el trabajo con el sufrimiento, sino con el esfuerzo. Que no es lo mismo.

Lógicamente, los sacrificios a los que somete a su cuerpo revierten en su salud. Al no tener vicios, no sólo ahorra dinero, sino que también alarga su esperanza de vida. Y su obra también se beneficia de esas rutinas tan sanas. Un ejemplo: cada vez que sale a correr, regresa a casa con una media de tres ideas nuevas. Es como si las neuronas redoblaran su actividad con cada nueva zancada, como si escribieran el texto sin necesidad de un folio en blanco, como si no fueran conscientes de la importancia de exprimir totalmente el tiempo.

Correr y escribir son actividades parejas. Eso lo saben Antonio Muñoz Molina, Antonio Soler, Gabi Martínez y cualquier narrador que haga footing, jogging, running o como diablos se llame ahora el deporte ese. Hay muchas similitudes entre ambas prácticas, pero la más sorprendente es el resurgimiento de la energía cuando parece que ya no quedan fuerzas. Todos los deportistas saben que, tras una fase de agotamiento, viene otra de revigorización, y todos los escritores saben que la generación de ideas es inversamente proporcional al tiempo restante de escritura. El mismo Martínez ha comprobado que, cuando ya son casi las ocho de la tarde y por tanto ya toca recoger los bártulos, las frases brotan con más intensidad que al inicio de la jornada y que, en muchas ocasiones, la solución a los nudos narrativos se le ocurren, precisamente, cuando está bajando la tapa del ordenador.

Es algo que les sucede a los escritores que no pueden permitirse el lujo de desaprovechar un segundo, que saben que el tiempo cuesta dinero, que por ese motivo viven con el cuello siempre rígido. Algo que les pasa a los autores que, durante cierta época de su vida, sintieron miedo ante la llegada de la factura del gas, pero que, en vez de tirar la toalla y aceptar un trabajo cualquiera, siguieron luchando por hacerse un hueco. Esa lucha constante en la

LA PUBLICACIÓN

que convirtieron su juventud, esa conciencia de la injusticia respecto a los colegas respaldados económicamente por sus papás, esa sensación de que nos han tocado las peores cartas en el reparto —si es que no nos han dado incluso alguna de menos—, toda esa tensión, pues, se acumula en los hombros y no desaparece jamás. Ni siquiera cuando ya se ha accedido al mercado editorial. Porque es la rabia de quienes jamás olvidarán que nadie les tendió nunca la mano.

Inédito

Leandro Pérez

El salto de fe

Ya se ha dicho que todos los periodistas culturales fantasean con escribir una novela. Pero ocurre en muchas ocasiones que, como el oficio les da acceso al mundillo editorial, acaban conformándose con esa puerta lateral que, si bien no los convierte en literatos, sí que les permite rondar esos ambientes. En realidad, si tuviéramos que señalar qué diferencia a cuantos acaban escribiendo —e incluso publicando— la citada novela y quienes nunca van más allá del borrador, nos atreveríamos a decir que todo se reduce a un «salto de fe». Un salto de fe que no es otra cosa que la confianza en la capacidad de uno mismo para crear algo a partir de la nada. Algo que, por supuesto, no es fácil de adquirir.

Leandro Pérez trabajaba en la sección de cultura de *El Mundo* cuando contrajo matrimonio y cuando, tras debatirlo con su esposa, decidió regresar a su Burgos natal. Atrás dejaba el sueño de juventud de todo licenciado en periodismo —tener una mesa en la sede central de un gran medio de comunicación— y delante tenía un desierto laboral al que había que sumar la inminencia de los hijos. Podría haberse quedado en Madrid, prosperado en el periódico y ser hoy uno de los redactores culturales más destacados del país, pero decidió apearse de aquel tren y volver a los orígenes porque, en el fondo, palpitaba un sueño en su interior: ser escritor.

Hasta ese momento era lo que podríamos llamar un autor de primeros capítulos, esto es, un aspirante a narrador que aprovechaba los veranos para arrancar una historia y que abandonaba el pro-

LA PUBLICACIÓN

yecto tan pronto como empezaba el año lectivo. Volver a la redacción, transcribir entrevistas, reseñar libros y, en general, sumergirse en las actividades propias del oficio lo absorbía tanto que, a partir de septiembre, no encontraba ni un segundo libre para dedicarse a su propia obra. Y así dejaba pasar los años: con la excusa de la falta de tiempo.

Así pues, regresó a Burgos no tanto por no ver posible levantar una familia en Madrid como por saber que, si seguía en la capital, reprimiría para siempre al escritor que llevaba dentro. Y, cuando al fin hubo cambiado de vida, se sentó consigo mismo y planteó la disyuntiva: «Ahora o nunca». Eligió ahora; eligió devenir escritor. Burgos era un parnaso tan bueno como cualquier otro, un lugar tranquilo en el que cumplir un sueño, una ciudad lo bastante alejada del mundillo editorial como para, por paradójico que resulte, permitirle acceder a él por la puerta grande.

Al principio trabajó en su propio domicilio, donde ya correteaba un primer hijo y donde compaginaba la escritura con otras tareas más alimenticias, entre ellas las del hogar, pero en cierto momento se dio cuenta de que también los hombres necesitan una «habitación propia» e instaló su despacho en el antiguo piso de sus abuelos y tías. En aquel apartamento había pasado las tardes de su infancia y los domingos de su adolescencia, primero devorando los tebeos del Coyote, después sumergiéndose en las obras completas de Agatha Christie y por último iniciándose en la gran literatura gracias a «Obras maestras de la literatura contemporánea» (Seix Barral, 1984), aquella colección que tanto contribuyó a la culturización de los españoles de la época, y a la edad de cuarenta y dos años empezó a construir de un modo sistemático, en concreto de diez de la mañana a siete de la tarde, su propia obra narrativa.

Pero había un problema más. Leandro Pérez llevaba años arrastrando el argumento de una novela que, entre tanto periodismo, tanta mudanza y tanta indecisión, no conseguía enderezar. Era su particular piedra de Sísifo y, por más sacrificios personales que hacía en su honor, nunca completaba la ascensión. Hasta que un día, con su mujer embarazada de su segundo hijo, encontró la forma de desatascarse: imaginó que ya había publicado esa novela y que ahora tocaba escribir la continuación de la misma. Y entonces, todo fluyó.

Así pues, dio uno de los mayores saltos de fe que puede realizar un reportero, que es el de abandonar la seguridad que en ocasiones proporciona una redacción y apostar por el talento propio, y la jugada salió bien. Ha escrito cuatro novelas en ocho años y tiene otras en mente. Eso sí, sabe que el periodismo es un vicio al que uno se reengancha con facilidad y, pese a ser en la actualidad el director —y cofundador— de *Zenda*, no ha vuelto a hacer una entrevista, escribir una reseña o redactar una crónica. Y es que, si los exalcohólicos no pueden siquiera rozar una botella, los experiodistas tampoco deben regresar sobre sus pasos. Al menos si quieren mantener esa especie de sobriedad que es la creación literaria.

10 de agosto de 2022

Miguel Ángel Hernández

La disposición receptiva del lector

Miguel Ángel Hernández escribe las novelas con el formato de la editorial en la que habrá de publicarlas. Ha configurado su procesador de textos con la misma tipografía, el mismo tamaño de letra, el mismo interlineado y los mismos márgenes que los habituales en el diseño de la colección Narrativas Hispánicas de Anagrama, de tal manera que el manuscrito que sale de su ordenador sólo se diferencia de la versión que luego llega a las librerías en la portada y la encuadernación. El resto es igualito. De hecho, no se entiende que en Casa Herralde no lo contraten como maquetador. Fijo que lo haría la mar de bien.

Imparte clases de Historia del Arte en la Universidad de Murcia y, como se puede entender, da una importancia mayúscula a la disposición espacial de las obras, ya sea sobre el lienzo, ya sobre la página en blanco. Hay una estética del texto que muchos autores obvian, pero que los lectores tienen siempre presente. ¿Quién no ha hojeado un libro para ver cuántas páginas quedan para el final del capítulo?, ¿quién no ha devuelto un ejemplar al anaquel de la librería al reparar en que la letra era demasiado pequeña o estaba excesivamente apretada?, ¿quién no ha desconfiado de un autor con tantos diálogos que apenas deja hueco a la prosa?… La gente también compra libros por el modo en que vienen envueltos y es importante que los escritores recuerden que las novelas, igual que los seres humanos, tienen alma pero también cuerpo.

Sin embargo, en la teoría estética elaborada por Miguel Ángel Hernández sobre la importancia del impacto visual de la obra en la disposición receptiva del lector hay más cosas de las que se ven. Una de ellas es que a este escritor murciano le encanta trastear en su ordenador. Es un auténtico fanático de las posibilidades que éste ofrece para ejercer su oficio y no duda en incorporar cualquier novedad informática a su método de trabajo. De hecho, desde hace casi una década, encabeza la lista de defensores a ultranza de Scrivener, el procesador de textos diseñado ex profeso para satisfacer las necesidades de escritores, guionistas, académicos y demás artistas del tecleo.

Scrivener es como Word, pero con un sistema integrado de administración de documentos y metadatos al que el usuario puede acceder de un modo directo. Por así decirlo, es como tener la libreta de notas junto al monitor y disponer de su contenido sin rebuscar entre sus páginas. Evidentemente, esto tiene una enorme utilidad para quienes realizan grandes investigaciones y necesitan ordenar el material recabado de un modo sencillo. Y parece que el programa funciona a las mil maravillas, porque en los últimos años ha ganado tantos adeptos que, si antes preguntábamos a los escritores si eran de mapa o de brújula, ahora podemos preguntarles si son de Scrivener o de Word, sacando exactamente las mismas conclusiones según la respuesta obtenida. En efecto, el tiempo pasa, queridos lectores, y si nuestros abuelos evocan el arte de la estilográfica y nuestros padres el de la máquina de escribir, ahora hay toda una generación que rememora la época en la que los literatos se manejaban con el Office de Microsoft.

De cualquier modo, echando un vistazo al despacho en el que Miguel Ángel Hernández se encierra cada mañana, en concreto de seis a nueve, para construir sus novelas, comprobamos no sin poca satisfacción que, por más tecnologías de la escritura que inunden nuestra vida, hay ciertos elementos que nunca desaparecen. Tras la mesa de trabajo, destaca un panel de corcho en el que ha clavado algunas de esas tarjetas de cartulina que antiguamente se almacenaban en archivadores de color verde; una pared de pizarra con los nombres de sus maestros, entre los que cabe destacar Sebald, Vila-Matas y Auster; y dos plumas, una Pilot y otra Delta, que emplea para los trabajos académicos, en el primer caso, y para los literarios, en el segundo. Toda esta decoración demuestra que, al final, el mundo sigue siendo el mismo que ayer: un cuaderno de papel y un archivo de Scrivener 3.0, una caja de chinchetas y un Mac-Book Pro de 8 núcleos, una barra de tiza y la aplicación del DRAE, un sacapuntas con polvillo de grafito y una lista de Spotify con música de concentración… Cambian los útiles de trabajo y, en el fondo, todo sigue igual.

22 de marzo de 2023

Eva Baltasar

La editora comprometida

Cuando Eva Baltasar no escribe, cuenta adoquines. Ahora le ha dado por ahí y, por más que se esfuerza, no consigue quitarse el vicio. Camina tranquila por la calle y, ¡zas!, se descubre a sí misma midiendo el grosor de la acera en adoquines, calculando cuántos adoquines cabrían en la parcela de un árbol, mensurando los adoquines cuadrados que ocupa la terraza de un bar… A esta mujer siempre le ha gustado contar cosas, de acuerdo, pero nunca antes se había obcecado con el empedrado de la ciudad y, aunque le gustaría saber de dónde sale y qué significado tiene esta obsesión, lo cierto es que no pierde ni un segundo analizándola. Simplemente la disfruta. Un adoquín, dos adoquines, tres adoquines… Y así.

La manía esta de enumerar losetas se hace patente cuando, después de un rato encerrada en su estudio y con el agotamiento mental ya metido en el cuerpo, baja la tapa del ordenador, coge el manojo de llaves y sale a tomar el fresco. Es de esas autoras que consideran que no hay que forzar la escritura, que si las frases no fluyen es mejor abandonar el despacho y descansar un rato, que todo lo que teclees a desgana lo borrarás inevitablemente al día siguiente. Así que no mantiene una disciplina férrea. De hecho, si sabe que no dispondrá de dos o tres horas seguidas para trabajar en absoluto silencio, es decir, si intuye que la interrumpirán con una avalancha de e-mails, con alguna solicitud de entrevista o con la invitación de impartir una charla, si algo de esto ha de suceder en el transcurso de la mañana, pues ya ni siquiera enciende el ordenador y se queda tan ancha. Porque la literatura no debe ser una obligación y el día en que lo sea, adiós, muy buenas y nos vemos en otra parte.

Normalmente, Eva Baltasar se pone a trabajar a las diez de la mañana y termina sobre las doce o la una. Esas dos o tres horas le dan para escribir, corregir y pulir medio folio, si hay suerte incluso uno entero, y el resto del día lo dedica a leer, a disfrutar de la vida o incluso a contar baldosas. Ha instalado su despacho en la habitación más pequeña de su apartamento, una estancia mal iluminada y sin elementos decorativos en la que sólo hay un escritorio, una silla, una cama y una ventana ciega con una pared enfrente. Todo muy austero, como corresponde a una mujer que hace ahora veinte años, tras terminar los estudios de Pedagogía y con una hija de tres años, se hartó de la vida urbana y alquiló una casa rural que, por no tener, no tenía ni corriente eléctrica. Allí se acostumbró a escribir a mano y, aunque ahora vuelve a vivir en la urbe, asegura que en cualquier momento hace las maletas y se marcha de nuevo.

Por supuesto, cambió muchos hábitos durante su experiencia campestre, pero hay una costumbre que ha permanecido inalterable desde que, allá en su infancia, empezó a construir los primeros textos: la de colocar un espejo sobre el escritorio. Dice que necesita mirarse a los ojos mientras escribe, que quiere asegurarse en todo momento de que está siendo sincera consigo misma, de que no se ha vendido ni al éxito ni al dinero. Pero también sostiene que ese espejo, o, mejor dicho, su reflejo, le sirve para interpelarse a sí misma en los momentos de duda y a no sentirse tan sola cuando, encerrada en esa habitación que parece una celda de convento, siente la necesidad de compañía.

Eva Baltasar no es de mapa ni de brújula ni de varilla de zahorí, sino de poner la oreja y escuchar las voces. Lanza la primera frase de sus novelas sin haberse parado a pensar en el argumento, sin saber siquiera la temática del libro, sin haber trazado un triste esquema en una libreta. Simplemente se sienta ante el ordenador —y ante el espejo, claro— y escribe, reescribe y vuelve a escribir las dos o tres oraciones de arranque hasta encontrar una voz, la del narrador, que sea lo bastante sugestiva como para querer saber quién se oculta tras esas palabras. Entonces imagina un escenario cualquiera, el primero que le viene a la mente —una casa, una ciudad o hasta un país entero— y a partir de esos dos elementos, la voz y el paisaje, levanta la historia a medida que escribe.

Ahora bien, además de esos dos elementos, Baltasar necesita un tercer punto de apoyo para mover su mundo: una editora comprometida. Porque estamos ante una autora que, lejos de narcisismos y soberbias, considera que sus ficciones brillan ante los ojos del lector porque ha habido una editora, en este caso Maria Bohigas, que entró en sus borradores con una antorcha y que iluminó las zonas oscuras que todavía había en los manuscritos. No todos los editores abandonan su trono y bajan al barro de este modo. Los hay que sólo ven su profesión como un puente entre dos mundos y los hay que la conciben con un sentido más activo, más crítico, más intervencionista si se prefiere. A Baltasar le gustan los segundos, que suelen ser los que comprenden que con cada libro los escritores se juegan el pan de sus hijos, y no cambiaría a su Bohigas ni por todo el oro del mundo.

Así trabaja, con un espejo delante y una editora detrás. Y como resulta que sus novelas han sido traducidas a chorrocientos idiomas y como, además, llegó a estar entre las cinco finalistas del Booker internacional, pues, ¡hombre!, habrá que copiar su método. Salvo lo de los adoquines, claro. Que eso ya es más rarito.

3 de mayo de 2023

Irene Vallejo

Volver a la soledad

Irene Vallejo está tan ocupada que no tiene tiempo para leer. Las conferencias, las entrevistas y, en general, los actos promocionales no le dejan un segundo libre y, cuando llega a casa después de una semana viajando por el mundo, sólo quiere descansar. Pero hay un problema: esta mujer sabe muy bien que para hablar primero hay que pensar y que para pensar primero hay que leer, y como últimamente se pasa el día hablando por los codos, teme que su discurso —e incluso ella misma— se quede de pronto vacío.

La autora anhela el momento de volver a la rutina. Está disfrutando del éxito, por supuesto, pero ya empieza a tener ganas de recuperar los ritmos del oficio. Antes, cuando era una autora desconocida, tenía establecido un método de trabajo. Cuando una idea asomaba en su cabeza, lo primero que hacía era echarse en el sofá o sentarse a la mesa y pensar durante meses en la historia que se le había ocurrido. La gente creía que vagueaba, pero ella le daba vueltas al asunto incluso cuando hacía las tareas del hogar, que ya dijo Agatha Christie que nada mejor para reflexionar que fregar los platos. Así pues, la zaragozana contemplaba en silencio el techo del salón, el cielo tras la ventana o los cacharros en el fregadero, y cuando se le encendía la bombilla, cogía un bolígrafo, abría una libreta y tomaba un apunte.

En eso invertía el tiempo de la primera fase de su proceso creativo: en pensar. Hasta que un día se daba cuenta de que ya tenía la novela construida en la cabeza. Entonces se encerraba en su despacho, despejaba una pared y la llenaba lentamente de pósits.

A cada personaje le asignaba un color y, con el tiempo, el tabique se convertía en una especie de cubo de Rubik desordenado que, en realidad, era el *storyboard* de la historia. Y todo parecía funcionar a las mil maravillas hasta que, en el momento menos pensado, su hijo se abalanzaba sobre los papelitos y los arrancaba con fruición. Al pequeño le divertía sabotear el trabajo de la madre porque tantos colorines lo enloquecían y, cuando entraba en el salón con su cargamento de papeles adhesivos, la escritora soltaba una carcajada y le decía: «Ya, a mí tampoco me gustaba esa escena».

No terminaba ahí el proceso. Porque a continuación tocaba escribir, algo que ella siempre hacía de un modo segmentado. En vez de vomitar toda la novela de una vez y luego pasar meses y más meses corrigiéndola, ella trabajaba por fragmentos. Redactaba por ejemplo una página y no saltaba a la siguiente hasta que había reescrito la anterior las veces suficientes como para darla por cerrada. En realidad, es una técnica sacada del periodismo: abordar un libro como si fuera un conjunto de artículos breves que al final el autor sólo tiene que ensamblar. Un método práctico, propio de quienes disponen de poco tiempo. De quienes saben que sus hijos los sabotearán en cualquier momento.

Antes de que el éxito la alcanzara, Irene Vallejo había decidido tirar la toalla. Había traído al mundo a un hijo con necesidades especiales y se imponía sanear la economía. Había llegado la hora de buscar un trabajo serio, de olvidar el sueño de convertirse en una escritora de prestigio y de empezar una vida de médicos y desvelos. Tan convencida estaba de que *El infinito en un junco* (Siruela, 2020) sería su último manuscrito que alargó la redacción todo lo que pudo. Se negaba a ponerle el punto final porque estaba segura de que nunca volvería a escribir y, cuando envió aquel mamotreto a la editorial, le dijeron que se había excedido tanto en el número de páginas que tendría que acortarlo. Luego llegó el éxito, el dinero y todo eso, y, si antes creía que no volvería a escribir porque no podría permitírselo, ahora no lo hace porque se pasa el día hablando con desconocidos.

LA PUBLICACIÓN

Irene Vallejo ya no tiene tiempo ni siquiera para leer. Pero, más tarde o más temprano, llegará el momento en que su best seller se emancipe y en que ella se vea obligada a volver a su despacho. Tocará entonces pensar, pegar pósits y redactar fragmentos de un libro que ni siquiera ha concebido todavía. Desaparecerá del mapa y, aunque muchos lectores la añorarán, otros nos alegraremos de que esté escribiendo de nuevo. Que la falta de éxito ha acabado con la carrera de muchos autores, pero su exceso también.

23 de marzo de 2022

V

Conclusión

Ida Vitale

El auténtico método

Ida Vitale tiene noventa y ocho años y la cabeza más clara que muchos de cuarenta. De hecho, la tiene tan clara que, cuando le preguntan algo que ella considera falto de interés, como por ejemplo cuál es su método de trabajo, se ríe por lo bajini y responde que eso carece de importancia, que cada autor hace las cosas como puede, no como quiere, y que no entiende por qué la gente se empeña en convertir algo sencillo en toda una complicación. ¿Sencillo? Pues claro, añade: cuando te apetece escribir, escribes, y cuando no te apetece, pues no lo haces. Y uno se queda tan petrificado ante la sencillez de su respuesta que, la verdad, le entran ganas de apagar la grabadora, hacer las maletas y retirarse a un monasterio.

Vitale siempre ha puesto la poesía en segundo plano. La ha escrito cuando no tenía que traducir un libro ni dar una clase ni entregar un artículo. Incluso cuando no tenía que ir al mercado. Porque, según sus propias palabras, si ha alcanzado los noventa y ocho años no ha sido por pasarse el día componiendo poemas, sino por haberse encargado personalmente de las tareas del hogar. Jamás ha contratado a nadie para que le ayude en casa, lo ha hecho todo ella misma, incluso hoy, y así es como asegura que ha llegado a semejante edad. Por tanto, estamos ante una autora que siempre ha sentido que había algo más urgente que sentarse a escribir, y que aun así ha levantado una obra a la que, pese a los premios recibidos, ella resta valor. Porque esta mujer ha vivido muchos años y su perspectiva sobre lo que es realmente importante en la vida difiere de la que tenemos los demás.

Sonsacarle información sobre su método de trabajo es más difícil que entender un poema de Ungaretti. Pero no porque ella no quiera desvelarlo, sino porque le parece un asunto menor. Con todo, quiere dejar claro que siempre le ha molestado que las musas se personen en su despacho sin haber pedido cita previa y que, en más de una ocasión, les ha dado con la puerta en las narices por tener otras cosas que hacer. Tanto es así que ni siquiera lleva una libreta encima para anotar las ideas que puedan sobrevenirle en la calle. Si la inspiración la asalta en un paso de cebra, en la cola de un supermercado o incluso en una librería, se encoge de hombros y sigue con la vida como si tal. Y si la ocurrencia se pierde en el olvido, pues adiós, muy buenas y aquí no ha pasado nada. Porque, como dice la última superviviente de la generación del 45, el mundo no dejará de girar por un verso menos.

Hubo un tiempo, no obstante, en que la poesía sí era algo que se dejaba mimar. Se refiere a la época en la que los periódicos, entre ellos *El País* de Uruguay, publicaban poemas en sus páginas. Siempre los leía y, según recuerda, descubrió a muchos autores a los que todavía hoy admira. Pero eso es ya historia remota, algo que ocurrió hace mucho tiempo y que nunca volverá, una costumbre propia de un periodo en el que la gente daba el mismo valor a un poema que a la información sobre el PIB nacional. Ahora nadie echa de menos la creatividad en la prensa; a muchos incluso les parecería un derroche de espacio que los medios no se pueden permitir. Por eso no hay poemas en los periódicos; ya sólo sobreviven en esos libros que la población evita comprar.

Tampoco quedan revistas de creación. Aquellas publicaciones en las que los escritores noveles publicaban sus primeros textos y en las que los autores consagrados ensayaban nuevos estilos literarios han desaparecido de la escena cultural. Ida Vitale no sabe cómo empiezan ahora a publicar los aspirantes. Imagina que habrá otras plataformas, pero desconoce cuáles. Aun así, continúa leyen-

CONCLUSIÓN

do a los jóvenes y ha descubierto voces que le han devuelto la esperanza en el porvenir. Pero, después de decir esto, reconoce sin complejos que esas voces recién llegadas no acuden a ella para pedirle consejo. Vitale no parece dar importancia a este comentario, pero es evidente que sus palabras denotan un distanciamiento entre generaciones, un desinterés por lo que los poetas de antaño puedan enseñar a los recién llegados, un deseo de hacer borrón y cuenta nueva respecto al pasado para fingir que lo que hoy se escribe es lo realmente innovador. Allá ellos. No se dan cuenta de que todos envejeceremos y de que, cuando eso ocurra, sólo serán dignos de reír por lo bajini aquellos que nunca pisotearon a los que, en realidad, les abrieron el camino.

23 de febrero de 2022

Agradecimientos

Este libro no se habría podido escribir sin la colaboración de los responsables de prensa —y, en algunos casos, editores— de las principales editoriales españolas. De ahí que el autor quiera agradecer su ayuda a Penélope Acero (Edhasa), Núria Albesa (Nórdica), Xènia Bussé (Navona), Júlia Castells (Galaxia Gutenberg), Cristina Castillón (Libros del Asteroide), Laia Collet (Penguin Random House), María Contreras (Alfaguara), Núria Cots (Libros del Asteroide), Eva Cuenca (Penguin Random House), Neus Chordà (Navona), Juan Bautista Durán (Comba), Blanca Establés (Alfaguara), Silvia Fernández (Roca), Alba Fité (Destino), Laura Franch (Planeta), Glòria Gasch (Columna), Natalia Gil (Tusquets), Irene Giménez (Ediciones B), Jordi Guinart (Acantilado), Nahir Gutiérrez (Grupo Planeta), Patricia Jiménez (Seix Barral), Lídia Lahuerta (Anagrama), Delia Louzán (Tusquets), Curro Llorca (Las Afueras), Gerardo Marín (Penguin Random House), Alfonso Monteserín (Debate), Blanca Navarro (Galaxia Gutenberg), Noelia Olbés (Sexto Piso), Elena Palacios (Siruela), Melca Pérez (Bruguera), Anna Portabella (Seix Barral), Leticia Rodero (Plaza & Janés), Laura Russo (Lumen), Fátima Santana (Planeta), Isa Santos (Planeta), María Teresa Slanzi (Anagrama), Ángeles Torres (Plaza & Janés), Cristina Torres (Debate) y Laura Verdura (Planeta).

Y, por supuesto, el más profundo de los agradecimientos a los zendianos que hicieron a estos textos un hueco en la revista: Arturo Pérez-Reverte, Miguel Munárriz, Leandro Pérez y Miguel Santamarina.